道徳教育の変成と課題

「**心**」から「**つながり**」へ

吉田 武男・田中マリア・細戸 一佳 著

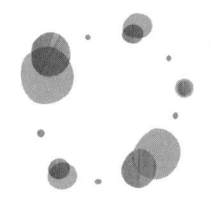

学 文 社

執筆者一覧（執筆順）

吉田　武男　筑波大学大学院人間総合科学研究科（はしがき，第3章，用語編）
田中マリア　筑波大学大学院人間総合科学研究科（第1章）
細戸　一佳　聖徳大学（筑波大学非常勤講師）　（第2章）

はしがき

　わが国に「道徳の時間」が混乱の中で登場してから，もう50年が過ぎ去った。その成果はどうであったのか。
　もちろん，教育行政機関や教育現場で良心的に尽力した人たちが大勢いたが，道徳教育を推進していくうえで不幸なイデオロギー対立もあって，「十分な成果があがっていない」というのが正直なところである。ところが今でも，あいかわらず，道徳教育と聞くだけで批判する，あるいはそれにまったく関心を示さない教育関係者がいる一方で，子どもの道徳性の低下を嘆き，道徳教育の強化を声高に叫ぶ教育関係者もいるだけに，わが国では合意を得た適切な改革は推進されにくく，結果的に次世代が大きな被害を受けている状態である。
　そのような状況にあって，道徳教育にかかわる指導的な関係者たちの多くが，道徳に付随する行為への「反省」という謙虚な姿勢を自ら示さず，過去の健全な「反省」のうえに立った改革の努力を怠るだけでなく，「道徳の時間」の実施回数とそこでの指導の改善に狭く執着するという傾向を持ち続けている。しかもそこでは，たとえ多様な方法が奨励されても，読み物資料の使用と，ワンパターンの授業過程（導入→展開→まとめ）の実施とを前提にした改善が主に行われている。そこには，「生活指導」による道徳教育の可能性を根拠に，「道徳の時間」の特設を反対する人たちに対抗する方略として，「道徳の時間」の独自性を堅持したいがために，道徳的価値を含む資料の必要性を強調したい，という事情が垣間見られる。そのために，「道徳教育」と銘打つ多くの解説書は，どうしても訓育機能としての道徳教育の在り方を根本的に問うというよりも，時間割上の領域としての「道徳の時間」を固守する内容になりがちである。
　特に最近では，「心の教育」を旗印にした心理主義の時代的潮流に呼応するかたちで，「道徳の時間」における『心のノート』の活用が叫ばれている。もちろんその活用は全面否定されるべきものではないが，その影響で，心理主義的な道徳教育の傾向が強まっている。「道徳の時間」の特設にあたって理論的

な支柱であった，日本道徳教育学会と日本倫理学会の会長を務めた勝部真長は，「……戦後の新教育においても，人は心理主義の考えの中に，その答えを探した」と見なして新教育の問題性を指摘したうえで，「心理学は，人間の心理の事実をかくかくであること，心の葛藤や仕組みを解きほぐして説明してくれるけれども，そこから直ちに『人生いかに生くべきか』や『われら何をなすべきか』は出てこない」と，心理主義に陥らないように当時から注意を喚起していたにもかかわらず，最近の道徳教育の状況は，勝部の指摘を忘却したかのように，個人の「心」を過剰に意識している。そうであるからといって，社会規範的な倫理主義の回帰，とりわけ戦前のような国家との「つながり」の強い徳育が決して求められるわけではないが，現在の社会的危機をかんがみるならば，持続可能な社会を築けるような，社会とつながった道徳の在り方が重要であろう。つまり，個人の自閉的な「心」の道徳教育ではなく，持続可能な社会との「つながり」あるいは関係性の中で個々人の「生きる意味」を市民として見出せるような道徳が，求められているのではないか。

　そのような課題意識から，本書は，過去および現在の道徳教育の理論と実践に対して健全に批判し，そして健全な反省の上に，未来に向けた健全な道徳教育を再構築するという高い理想を描きながら，基礎的・基本的な内容から斬新な提案までをわかりやすく解説しようとしたものである。

　まず第1章では，道徳教育の現状を過去とのつながりの中で理解するために，日本の道徳教育の変成について明治期から現代までをみていく。第2章では，日本の道徳教育の特徴を理解するために，欧米の道徳教育の実情とその代表的な道徳教育理論をみていく。第3章では，現在における日本の道徳教育の諸相を確認しながら，特色のある理論と実践から再構築へのヒントを導き出す。

　なお，本書の後半部には，道徳教育の理論と実践を理解するうえで役に立つ【用語編】と【資料編】が付されている。

　2010年節分

吉田　武男

目　次

はしがき　i

第Ⅰ章　日本の道徳教育の変成 ―――― 1

1．「修身科」における道徳教育 ………… 1
1）近代的教育制度の発足と「修身科」の開始　1
2）「修身科」の強化と教科書検定制度の確立　6
3）「教育勅語」の渙発と教科書の国定化　11

2．戦前の道徳教育におけるもうひとつの歴史 ………… 15
1）大正新教育運動と「修身」教授の方法的改良　15
2）「修身科」以外の道徳教育実践　21
3）ファシズムの台頭と大正新教育運動の衰退　24

3．「修身科」の停止と新しい道徳教育の模索 ………… 26
1）第2次世界大戦の終結と「修身科」の停止　26
2）「社会科」を中心とした道徳教育　28
3）全面主義的道徳教育の時代　32
4）昭和33年「道徳の時間」特設　33

4．「道徳の時間」における道徳教育 ………… 37
1）読み物資料の活用促進と道徳教育充実への動き　37
2）「心の教育」の提唱と「道徳の時間」の徹底　40
3）『心のノート』の作成，配布と問題点の指摘　44
4）道徳教育に対する心理学の影響とその問題点の指摘　49

第Ⅱ章　諸外国の道徳教育とその理論 ―――― 53

1．欧米の道徳教育の特徴とその背景 ………… 53
1）イギリス　53

2）ドイツ　56
　　　3）フランス　59
　　　4）アメリカ　62
　　　5）ヨーロッパ評議会　65
　2．欧米の道徳教育理論の特徴とその背景 ……………………… 67
　　　1）デュルケム　67
　　　2）ピアジェ　72
　　　3）デューイ　76
　　　4）ラス，ハーミン，サイモン　81
　　　5）コールバーグ　83
　　　6）リコーナ　86

第Ⅲ章　日本の道徳教育の諸相 ──────────── 91

　1．道徳教育理論の特徴とその背景 ……………………………… 91
　　　1）「価値の明確化」理論　91
　　　2）「モラルジレンマ授業」　93
　2．学校の道徳教育 ………………………………………………… 96
　　　1）基本方針　96
　　　2）道徳教育の目標と内容　99
　　　3）道徳教育の運営と評価　105
　3．「道徳の時間」の指導 ………………………………………… 108
　　　1）指導の基本方針　108
　　　2）学習指導案の内容　109
　　　3）学習指導案作成の手順　110
　　　4）学習指導の展開　111
　4．道徳教育の再構築のためのヒント …………………………… 113
　　　1）シュタイナー学校の道徳教育　113
　　　2）NIEによる道徳教育　117

3）人権教育による道徳教育　　119

　　　4）同和教育による道徳教育　　126

【用語編】

　　道徳　　131

　　道徳と倫理　　131

　　道徳と法　　131

　　道徳と宗教　　131

　　道徳と科学　　132

　　道徳と情報　　132

　　道徳的価値と徳目　　132

　　道徳性　　133

　　道徳的実践と道徳的実践力　　133

　　開いた道徳と閉じた道徳　　133

【資料編】

　（1）　第1期国定修身教科書　　135

　（2）　第2期国定修身教科書　　136

　（3）　第3期国定修身教科書　　138

　（4）　第4期国定修身教科書　　140

　（5）　第5期国定修身教科書　　142

　（6）　尋五の文語系統案　　143

　（7）　教育基本法（新旧対照表）　　144

　（8）　心のノート　　154

　（9）　学習指導案の作成例　　158

　(10)　小学校学習指導要領（平成20年3月告示）抜粋　　162

　(11)　中学校学習指導要領（平成20年3月告示）抜粋　　168

　(12)　高等学校学習指導要領（平成21年3月告示）抜粋　　173

索　引　　174

第Ⅰ章
日本の道徳教育の変成

1.「修身科」における道徳教育

1) 近代的教育制度の発足と「修身科」の開始

◆「文部省」の設置と「学制」の制定

　日本において近代的教育制度が発足したのは明治に入ってからのことである。明治維新後，江戸幕府にかわって政権を担うことになった明治政府は，帝国主義段階を迎えた欧米先進諸国によるアジア進出という非常事態を前に，日本の国力を増大させ外圧にも耐えうる国作りを進めることを急務の課題としていた。

　明治政府はまず，富国強兵政策の一環として日本の近代化，とりわけ殖産興業の振興と日本国民の民族的アイデンティティの確立をめざし，国民一人ひとりの資質を向上させるべく全国に学校を設置し，教育を隅々まで普及徹底させることを宣言した。その後，数年かけて小学校構想を作成するとともに，身分制度の撤廃，廃藩置県の断行，中央集権的国家体制の確立を推し進め，1871（明治4）年，全国の教育行政を統括する機関として「文部省」を設置した。

　文部省は翌1872（明治5）年，「学制」を制定公布し，以後，日本の近代的な教育制度を整備していくことになる。なお，文部省はそれに先立ち，太政官布告（「学制」の序文にあたることから「学制序文」あるいは文面末尾の言葉から「学事奨励に関する被仰出書」ともいわれる）を全国に頒布しているが，そこには新しい教育の在り方に対する政府の方針が示されている。

「学制序文」において示された新政府の方針は，概ね次の4点に集約される。① 立身出世のための学問観，② 国民皆学の思想，③ 実学主義，④ 受益者による学費負担の原則。要するに，ここではすべての国民が実益を兼ねた学問に従事することによって殖産興業が振興し国民一人ひとりがその恩恵にあずかれること，したがって学費も自己投資と考え各自が負担すべきことが説かれている。
　かくして，明治期，文部省を統括機関とする近代的教育制度が発足し，日本の近代化，とりわけ殖産興業の振興と日本国民の民族的アイデンティティの確立をめざした教育が，「学校」を通して推進されていくことになるのである。

◆「教員養成」制度の構築
　新教育の普及徹底にともない新たな懸案事項となったのは，その担い手ともいうべき指導者の問題であった。それまで日本の教育は伝統的に仏教あるいは儒教的な思想を基盤としており，指導者に関しても師匠とはその道の体現者であり有徳者であるといった考え方が一般に広く受け入れられていた。そのため，近代以前の教師たちは「求道者」としての意識が高かった反面，自らの教育理論や方法に関しては，それらを科学的に検証したり開発したりする志向性をあまり持ち合わせていなかった。江戸時代，藩校や寺子屋などで教育に携わる師匠をみても，彼らは何ら特別な教育機関で教師としての資質を養成されることなく，その教育にあたってももっぱら自らの経験によって培われた勘やコツなどを通して行っていた。
　こうした旧来の学問伝授の仕方について，新政府は「教育の法」がないも同然であり，教える規則をもたないから何の効果も期待できないと批判し，今後は教育の成果をより確実なものとするため，教則を維持し教える技術を有した教師を育成する「教員養成」制度を構築する必要性があると訴えた。文部省は1872（明治5）年，「小学校教師教道場を建立するの伺い」を提出し，官立の師範学校の設置を建議した。かくして同年5月29日，「師範学校」という名称の日本最初の教員養成学校として，東京師範学校（現：筑波大学）が昌平坂学問所の跡地に開設されることになったのである。

このとき、東京師範学校にはスコット（1843-1922）というアメリカ人が招待された。草創期の日本の師範学校において新しい教授法の伝授は直接外国人教師の手に託される形で始められた。それまで日本における伝統的な教授方法は寺子屋に代表される「個別指導型」の教授方法が中心であったが、スコットによって、より多くの対象者に一定の知識を効率的に普及させることのできる「一斉教授型」の教授方法が紹介されて以降、学び舎もそれに適した姿へと作りかえられていくことになる。師範学校発足時に通訳を務めた坪井玄道は、当時すべてのものが西洋風に机と腰掛けで授業をしなければならないというので、昌平校の畳をはがして板の間を教場にしたと述懐している。

資料1-1　寺子屋の風景

資料1-2　小学校の風景

出所）「雅六芸ノ内　書数」（唐澤富太郎『図説　近代百年の教育』国土社1967年）

出所）「改正小学入門双六」（筑波大学附属図書館所蔵）

◆「修身科」の開始
　学制期、近代的な学校教育制度の誕生とともに、道徳教育を担う学科として誕生したのが「修身科」であった。ただし、1872（明治5）年、「小学教則」

において新たなカリキュラムが示されたばかりの頃は，まだ「修身口授（ぎょうぎのさとし）」という名称で，現代の小学校1，2年生に相当する第8級から第5級だけを対象として，1週間に2時間割り当てられる程度にすぎなかった。（「修身口授」以外の学科はすべて1週間に6時間の割り当てがなされていた）。学科の並びをみても，「綴字（かなつかひ）」，「習字（てならひ）」，「単語読方（ことばのよみかた）」，「洋法算術（さんよう）」，「修身口授（ぎょうぎのさとし）」，「単語暗誦（ことばのそらよみ）」等の順であげられており，「修身口授」が他の教科より後に置かれていることからも，この時期の道徳教育がそれほど優先度の高いものとはみなされていなかったことが分かるだろう。そのため，学制期のカリキュラムは後に知識偏重，徳育軽視の教育である，と批判されることになる。

ところで，「修身口授」で行われた教育は，「口授」という言葉からも分かる通り，それらは教師が生徒に話して聞かせる方法によって伝えられたが，その内容は「身を修める」こと，つまり「行儀作法」を中心とするものであった。ただし，当時は外国の書物の翻訳書を教科書とする動きもあり，その内容は必ずしも日本の伝統的な行儀作法に限ったものではなかった。

◆「翻訳修身教科書」の使用

たとえば，「小学教則」の「修身口授」で用いられるべき教科書の例としてあげられている図書のひとつに，『童蒙教草（どうもうおしえぐさ）』という本があるが，これはもともとイギリスの"The Moral Class Book"という著書を福澤諭吉が翻訳した「翻訳修身教科書」であり，そこには，世界人類みな兄弟といった人間平等の精神を説く資料や女性に対する紳士的な振る舞い方などを説く資料など，当時としてはデモクラティックな題材がみとめられる。また，アメリカの"Elements of Moral Science"という著書を安部泰蔵が訳した『修身論』には「自由」や「権利」といった言葉がみとめられるし，その他にも「狼少年」や「蟻とキリギリス」などで有名なイソップ童話を編纂した『伊蘇普物語』などもみられ，こうしたイギリス，アメリカ，フランス，ギリシャなどの

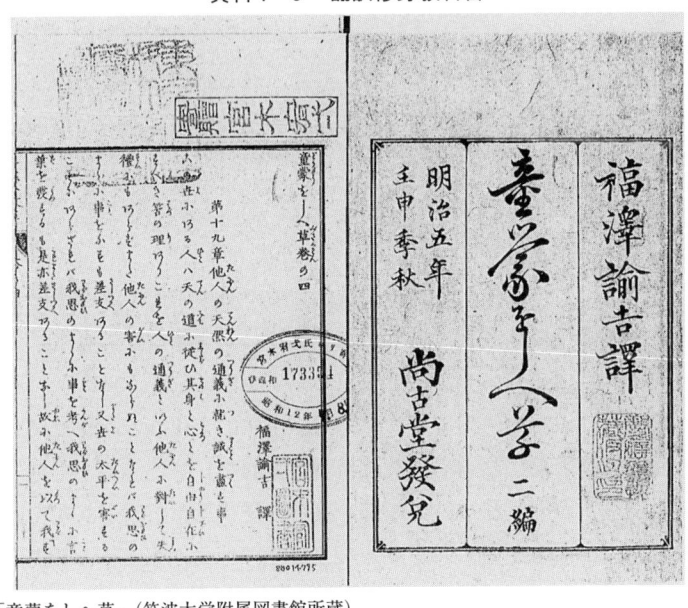

資料1-3　翻訳修身教科書

出所)「童蒙をしへ草」(筑波大学附属図書館所蔵)

題材を集めた翻訳本が，当時の国民の道徳形成をはかる際の推奨書としてあげられていることからも，学制期の教育がいかに日本の欧米化，近代化を目指したものであったかということが分かるだろう。

◆ 文明開化とナショナリズム

近代的な教育制度が発足したばかりの明治政府は，並み居る強豪相手に対等な関係を築ける独立国家としての「日本」を建設することを緊急の課題としていた。政府は，それまでの鎖国政策を解き，諸外国の知識，技能を吸収する方向でさまざまな政策を打ち出した。そのことが長い間，鎖国によって閉ざされてきた世界に対する日本人の欲求を一気に噴出させる結果となった。広い世界に対する日本人のリスペクトは，日本の民族的アイデンティティを確立させたいという政府の思惑をはるかに超える勢いで加速していき，西洋的価値観への

同調，西洋との同化という形であらわれていく。

　明治初期，文明開化を推進しようとする啓蒙思想家たちの中には伝統的日本の価値観を否定する者たちも少なくなかった。彼らはまず，従来の日本の在り方を封建的，差別的な人間観に立って作られてきたものであると批判し，人間平等の精神を説くことから始めた。たとえば，明治5年，福沢諭吉は『学問のすすめ』の巻頭において，「天は人の上に人を造らず，人の下に人を造らず」という有名な一文を置いているし，「伝統的親子観念の『コペルニクス的転回』」と評された植木枝盛は，『親子論』の中で，日本の伝統的な家父長主義的な夫婦，親子関係の在り方を「主人」と「奴隷」，「偏尊偏卑の有様」と批判し，両者を「同権」と捉えるべきことを説いている。

　明治初期における西洋的価値観への同調，西洋的文化への同化といった志向性は，もちろん学制期においてはまだ相当進歩的な一部の知識人たちの間に限られたものだったかもしれない。だが，彼らの説く思想がいずれ進歩的な教育を通して日本国内に広がっていくであろうことに対する保守層の不安は日々高まっていった。加速する文明開化の動きは，ともすると日本国民に従来の日本における伝統的な価値観や生活様式に対する否定あるいは軽視の念をもたらし，あらゆるものを西洋風に一新させていく契機となるのではないか。そうなれば，日本という風土の中で連綿と受け継がれてきた独自の文化や風習，伝統など，およそ自らが寄って立つべき歴史そのものすら悪しき過去として切り捨てられてしまうのではないか。そうした，日本の民族的アイデンティティ喪失への危機意識が当時の保守層を中心に指摘されるようになり，やがて学制とともに進められてきた西洋化政策の反動として，ナショナリズムへの志向，儒教的価値観の復古策が取られるようになっていくのである。つまり換言すれば，国家との「つながり」を重視する道徳教育にとってかわられていくことになるのである。

2）「修身科」の強化と教科書検定制度の確立

◆「教学聖旨」と儒教的価値観の復活

　開国以来，日本に急速に広がった西洋化の動きに対する不満は儒学者をはじ

め啓蒙主義的な考え方をよしとしない知識人を中心に急速に広がっていった。たとえば，先にあげた植木枝盛のような西洋的な親子観によれば，親子といえども別の人格をもつものであり，子は親の従属物ではないから別居を支持することになるが，伝統的な儒教的価値観に依拠する人びとによれば，年老いた親に育ててもらった恩返しをするのは子どもの当然の義務であり，別居は親不孝として同居を支持することになる。前者のような考え方を支持する人びとが増えれば，それまで日本の共同体を維持する上で重要な機能を果たしてきた「家」制度は崩壊してしまうことになる。

幕末期からみられるようになった実学重視の風潮に当初から否定的であった儒学者たちは，明治政府の欧米型教育を行きすぎた個人主義，国内における秩序の崩壊，道徳の退廃をもたらすものと批判し，早急に儒教的価値観に基づく伝統的な道徳教育へと立ち戻るべきことを訴えた。折しも，国内では啓蒙的な価値観に触発された「自由民権運動」が広がりをみせていく時期でもあり，国民意識の形成，国家統一を目指す政府にとっても秩序の問題は懸案事項のひとつであった。

こうした動向を踏まえ，1879（明治12）年，天皇の名において作成されたのが「教学聖旨」である。「教学聖旨」は「教学大旨」と「小学条目二件」という大きく２つの項目からなるが，このうち，「教学大旨」において，これからの日本は儒教倫理に基づく伝統的な道徳教育へと立ち戻るべきであるとの論が，次のような論調によって展開されている。

すなわち，学問は，仁義忠孝を知り，知識や才芸を究め，人間らしい生を送るためにするものであって，それこそが，日本に古くから伝えられている教えであるのにもかかわらず，最近は，知識や才芸のみ重んじており，不道徳な行為をしたり，社会に害となるようなことをしたりして，勘違いしている者が多い。西洋諸国からの影響が，日本に利益をもたらすかもしれないが，一方で，仁義忠孝の道をないがしろにするようになり，やがて君臣父子の大義もわきまえないようになる危険性があるのではないかと心配である。これは，日本がめざしている教育理念ではない。それゆえ，今後は祖宗の訓典によって仁義忠孝

の道を明らかにし，道徳の方面では孔子を模範とした教育を行わなければならない。その上で各学科を究め，道徳と才芸の両方を備えて諸国に出てゆくのであれば，日本も世界に恥じることはないだろう，というものである。また，「小学条目二件」の方にも「学制」の理念とは異なり，「農商ニハ農商ノ学科」を教えるのが適当だという身分相応の教育論が説かれている。

「教学聖旨」に代表されるような，こうした儒教倫理に基づく伝統的な道徳教育の復活論に対して，反駁を試みた知識人もいた。たとえば，伊藤博文は「教育議」の中で，社会の風紀が乱れた原因は，教育の失敗にあるのではなく，明治維新の大改革そのものにあるのだから，儒教倫理に基づく伝統的な道徳教育の復活は時代錯誤であり，政府はひとつの国教を定めるようなことをすべきではないと述べて反駁している。

◆「改正教育令」の公布と「修身科」の強化

明治5年に誕生した学制については，上述のごとき教育内容に対する風当たりも強かったが，それ以前に国民から向けられる非難の声も少なくなかった。とくに「受益者による学費負担の原則」は当時の国民に極めて大きな経済的負担を強いることになった。保護者たちは，子どもという働き手を奪われたうえ，学校の設立，運営のための資金提供を求められた。だが，さまざまな犠牲を払ってようやく子どもを就学させたところで生活に劇的な変化がもたらされるわけでもなく，結局，学制期は「国民皆学」の理念を掲げながらも就学率，男女平均して20〜40％代という低迷した状態が続いていた。それどころか，実態は就学の必要性を理解できない保護者たちによる就学拒否運動や学校の打ち壊し，廃校を求める運動などが次々と引き起こされ，予定されていた学校の建設中止，廃校を余儀なくされる事態が頻発していた。

こうした実態を踏まえ，明治政府は1879（明治12）年，「学制」を廃止し，代わって新たに「教育令」を発布した。「学制」が中央集権的・画一主義的な教育方針であったのに対し，「教育令」は各地域の実態を考慮し，それぞれの地域の自治に委ねる地方分権的な考え方に立つものであった。その地域を一番

よく把握している地方に教育の権限を委ねることによって，教育に対する国民の理解を図ろうとしたのである。ところが，この緩和政策は教育に対する国民の理解を助けるどころか，かえって，就学率の低下に拍車をかけていくことになる。緩和政策が始まると，保護者はますます児童の就学に対して消極的になり，学校は児童数の激減により廃校を余儀なくされたり，校舎の建築を中止したりせざるを得ない事態に陥った。こうして，明治12年の教育令は，「自由教育令」と揶揄され，厳しい批判を受けるに至ったのである。

そこで，明治政府は翌年，1880（明治13）年，わずか1年たらずで「教育令」を廃止し「改正教育令」を発布することを決定した。新たに示された「改正教育令」は，前年の「教育令」とはまったく性質の異なるものであった。「教育令」が教育の権限の多くを地方の裁量に委ねる「地方分権型」であったのに対し，「改正教育令」は国家の統制，政府の干渉を基本方針とする「中央集権型」であった。政府は学制期から続く教育不振を払拭するため，政府が率先して教育の普及徹底を推進してゆくしかないと考え，以後「文部省」を統轄機関とする文教政策を積極的に展開してゆくこととなる。

なお，「改正教育令」をさかいに学科の並びにも変化がみられるようになる。すなわち，「教育令」までは，「修身科」は他の学科の後にあげられる程度の位置づけでしかなかったが，「改正教育令」における学科の並びは「修身読書習字算術地理歴史等の初歩」という順番で，「修身科」があらゆる学科の筆頭科目として第1番目に位置づけられている。このことは，「修身科」がどの学科よりも優先度の高い，最重要科目として認識されるようになったことを意味しており，大変重要な変化である。

◆「教科書検定制」の確立

さらに，1880（明治13）年，文部省は「改正教育令」と同時に，「教科書採択に関する注意」を学校関係者に通達しており，その中で「教育上弊害ある書籍」は採用しないように注意を促している。

ただし，明治13年，「教科書採択に関する注意」が通達された頃は，まだ，

「開申制」（学校で使用する教科用図書に関して，教師が教育上の適不適をよく考えた上で採択し，採択した教科書を政府に届け出る方法）がとられていたため，「教育上弊害ある書籍」，学校で使用する教科書の適不適を判断する権限は現場の教師に委ねられていた。

ところが，近代的な教育制度の整備，拡充を進めていく中で，学校で使用する教科書の適不適を判断する権限は徐々に教師の手から政府に手に移譲されていくことになる。政府はまず，従来行われていたように，一般の書籍を教科書として使用するのではなく，教育に特化した教科用教材を制作することを決め，「編集局」を設置したり，教科用図書の適不適の調査を行うための「教科書取調掛」を設置したりするなどして抜本的な制度改革を進めていく。

そして，「教科書採択に関する注意」公布の3年後，1883（明治16）年には，採択予定の教科書を事前に文部省に知らせ許可を得る「認可制」を導入し，最終的には1886（明治19）年の「教科用図書検定条例」及び，翌1887（明治20）年の「教科用図書検定規則」を定め，教科書の対象となる著書はすべて審査の対象となる「検定制」を確立するに至る。かくして，教科書の適不適を判断する権限が，教師の手から完全に政府の手に移ったのは，「教科書採択に関する注意」から6年後の1886（明治19）年のことであった。

なお，「教科書採択に関する注意」が公布された翌年，1881（明治14）年には，「小学校教員心得」が制定公布されているが，その内容は生徒に「皇室に忠にして国家を愛し父母に孝にして」といった儒教的価値観と愛国心を涵養すべく努めることを「教員の心得」として説くものであった。

◆「教育上弊害ある書籍」の基準と福沢諭吉の批判

「教科用図書等の取調」のための『取調掛』が設置されて以降，「国安を妨害し風俗を繚乱するが如き事項を記載せる書籍」または「教育上弊害ある書籍」として小学校教科書として採用することを禁止された教科書には，次のようなものがみられた。たとえば，『通俗国権論』，『通俗民権論』など当時盛んであった自由民権運動に寄与するような書籍や，『小学生理書』，『婦女生理一代

鑑」など解剖生理関係の書籍，西洋の倫理思想に基づいて書かれた翻訳修身書などである。

とりわけ，修身書に関しては，明治24年に示された「小学校修身教科用図書検定標準」をみると「修身教科用図書に掲載せる例話はなるべく本邦人の事跡にして勧善的のものたるべし」とあり，道徳モデルを西洋ではなく国内に求める傾向が強くなっていたことが分かる。

教科書の編纂検定をめぐる上記のごとき流れに対して，福沢諭吉は明治30年，そもそも教科書に完全な教科書などというものはなく，また，仮にもし完全なものがあったところで，その書物の力によって生徒を導こうとすることはナンセンスであること，したがって，文部省は教科書の適不適を問題にするとしても，明らかに教育上の弊害がみとめられたものだけ排除するにとどめて，それ以外の書籍に関しては一切関知すべきではないこと，万が一にも，文部省が何らかの偏見をもって教科書の検定を行うことがこれまでのごとく繰り返されるとするならば，日本の教育の発展にとって後々遺恨の種となるであろうことなどを説いて，編纂検定の在り方を批判している。

3）「教育勅語」の渙発と教科書の国定化

◆「教育勅語」の渙発

ところで，明治24年に「修身書に掲載せる例話はなるべく本邦人の事跡にして勧善的のものたるべし」といった検定標準が示される前年，1890（明治23）年には，「教育勅語」が渙発された。

「教育勅語」は天皇陛下直々の言葉として発表され，以後，太平洋戦争終結後，失効が確認されるまで，日本における教育の根本原理として国民を規律し続けた詔勅であるが，その内容は大きく次の3つに集約される。

まず，日本建国の由来と歴史が神話的に説かれており，天皇の徳化と臣民の忠誠が日本の国体であり，教育の淵源であると語られている。そして，それらの国体を維持する上で，臣民が身につけるべき道徳性として，「孝行」，「友愛」，「夫婦の和合」，「遵法」，「義勇奉公」といった12の徳目があげられている。さ

資料1-4　教育勅語

朕惟フニ我カ皇祖皇宗國ヲ肇ムルコト宏遠ニ德ヲ樹ツルコト深厚ナリ我カ臣民克ク忠ニ克ク孝ニ億兆心ヲ一ニシテ世々厥ノ美ヲ濟セルハ此レ我カ國體ノ精華ニシテ教育ノ淵源亦實ニ此ニ存ス爾臣民父母ニ孝ニ兄弟ニ友ニ夫婦相和シ朋友相信シ恭儉己レヲ持シ博愛衆ニ及ホシ學ヲ修メ業ヲ習ヒ以テ智能ヲ啓發シ德器ヲ成就シ進テ公益ヲ廣メ世務ヲ開キ常ニ國憲ヲ重シ國法ニ遵ヒ一旦緩急アレハ義勇公ニ奉シ以テ天壤無窮ノ皇運ヲ扶翼スヘシ是ノ如キハ獨リ朕カ忠良ノ臣民タルノミナラス又以テ爾祖先ノ遺風ヲ顯彰スルニ足ラン斯ノ道ハ實ニ我カ皇祖皇宗ノ遺訓ニシテ子孫臣民ノ俱ニ遵守スヘキ所之ヲ古今ニ通シテ謬ラス之ヲ中外ニ施シテ悖ラス朕爾臣民ト俱ニ拳々服膺シテ咸其德ヲ一ニセンコトヲ庶幾フ

明治二十三年十月三十日

御名御璽

出所）「34. 教育ニ関スル勅語」(新井郁男・牧昌見編著『教育学基礎資料』第5版、樹村房、2008年)

らに，これらの教えが祖先から代々継承されてきたものであり，歴史的にも国際的にも正しく，普遍性を備えたものであることが強調されている。

12の各徳目に関していえば，今日の学校教育においても重要視されている項目もみて取れるが，「教育勅語」に示されている徳目は，それらの道徳性がみな，最終的には「天壌無窮の皇運を扶翼」するために備えるべきものとされている点において，今日の目的とはまったく質を異にするものであった。「教育勅語」においては，「国民」でなく，「臣民」と表記されているのも，基本的にはこの詔勅が「主権在君」の考え方を基底として書かれているからである。

◆「教科書疑獄事件」と教科書の「国定化」

「改正教育令」以降の徹底した中央集権的な教育政策は徐々に芽を出しはじめる。明治年間の就学率の移動は次のとおりである。

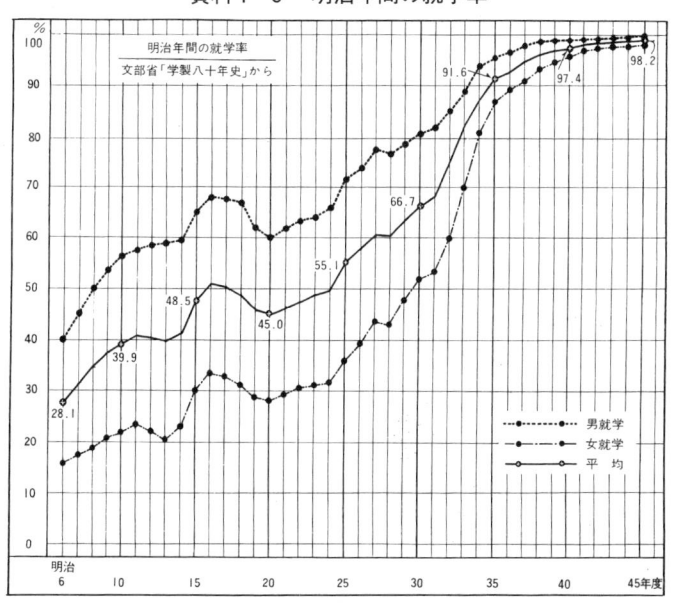

資料1-5 明治年間の就学率

出所）唐澤富太郎『図説 近代百年の教育』国土社，1967年，136頁

資料をみると明らかなとおり，学制が発足したばかりの明治6年には，わずか28.1％しかなかった就学率も，明治30年代後半にもなると90％を超えるほど上昇するようになっていく。ところが，こうした就学率の増加にともなって新たな問題として表れてきたのが教科書採択者と民間の出版社とによる癒着関係，いわゆる贈収賄問題である。そうした教科書をめぐる不正取引に対しては，発覚するたびに注意，勧告が行われ，また，教科書採択不正防止のための法律改正もしばしば行われていたものの，事態は一向に改善する兆しをみせなかった。それどころか，1902（明治35）年には，「教科書疑獄事件」として教育史上に名を残すほど大規模な汚職事件にまで発展してしまったのである。

「教科書疑獄事件」にかかわったとされ，摘発された教育関係者は200名以上ともいわれている。こうした前代未聞の醜聞が直接的な契機となり教科書を国定化する方針が固められていくことになるのである。1903（明治36）年，教科書国定化の方針が示され，以後，第2次世界大戦終結まで，日本の学校においては文部省が編纂する各教科1種類のみが教科書として使用されていくことになる。

◆ 国定修身教科書の変遷

国定期の修身教科書は，4回の全面改訂を経て全部で5期作成されている。以下，各時期における教科書の特徴とその変遷を簡単に示しておく。

● 第1期〔1904（明治37）年～1909（明治42）年〕

第1期が作成された頃は，日清戦争の勝利によって国内が活気づいていた時期でもあり，近代的な産業が普及し始めた頃でもあったせいか，「勤勉」，「職業選択の自由」といった近代職業倫理的な価値を含む資料が多くみられる（巻末資料（1）「第1期国定修身教科書」参照）。

● 第2期〔1910（明治43）年～1917（大正6）年〕

第2期が作成された頃は，日露戦争の勃発，世界大恐慌のあおりを受けて，国内に虚無感，倦怠ムードが漂っていた時期であったせいか，とにかく国家の絆を強調するような資料や，「忠君愛国」といったナショナリズムを感じさせ

るような資料がみられるようになってくる（巻末資料（2）「第2期国定修身教科書」参照）。
● 第3期〔1918（大正7）年～1933（昭和8）年〕
　第3期が作成された頃は、大正デモクラシー、啓蒙的な考え方がふたたび国内に流行した時期であったためか、この時期の資料には第2期のナショナリズム的な資料とデモクラティックな資料の両方が混在してみられる（巻末資料（3）「第3期国定修身教科書」参照）。
● 第4期〔1934（昭和9）年～1940（昭和15）年〕
　第4期が作成されたころは、治安維持法が制定され、国内にファシズムが台頭してきた時期にあたり、そのため、この時期の資料には、国内の秩序維持、統一性をはかるべく、天皇を中心とする家族主義的国家観を説くような資料が多くみられ、国家との「つながり」を求めた道徳教育が強調されることになる（巻末資料（4）「第4期国定修身教科書」参照）。
● 第5期〔1941（昭和16）年～1945（昭和20）年〕
　第5期が作成された頃は、第2次世界大戦という非常事態を目前に控えていたため、この時期の資料はもっぱら国内の士気意識を高め、戦意を高揚させる資料ばかりが集められている。なお、第5期の国定修身教科書が「尋常小学修身書」ではなく、「初等科修身書」と「ヨイコドモ」とされているのは、学校教育機関がそれまでの「尋常小学校」という名称から、「国民小学校」へと変わったためである（巻末資料（5）「第5期国定修身教科書」参照）。

2．戦前の道徳教育におけるもうひとつの歴史

1）大正新教育運動と「修身」教授の方法的改良

◆ 欧米の新教育運動と大正デモクラシー
　ところで、欧米では19世紀末から20世紀にかけて、従来の古典的な教育の在り方を打破し、自由な雰囲気の中で児童生徒の自主的、自発的な学習を重視し

ようとする新しい動きがみられるようになってくる。

　たとえば，スウェーデンのエレン・ケイ (1849-1926) は，『児童の世紀』において「教育の最大の秘訣は教育しないことである」と述べ，外部から注入する強制的教育の在り方を徹底的に批判し，児童の侵すべからざる権利，個性の尊重を強く訴えた。

　また，アメリカのデューイ (1859-1952) は，『学校と社会』において「旧教育は，これを要約すれば，重力の中心が子どもたち以外にあるという一言につきる。重力の中心が，教師，教科書，その他どこであろうとよいが，とにかく子ども自身の直接の本能と活動以外のところにある。（略）今日，私たちの教育に到来しつつある変化は，重力の中心の移動にほかならない。それはコペルニクスによって天体の中心が地球から太陽に移されたときと同様の変革であり，革命である。このたびは子どもが太陽となり，その周囲を教育のさまざまな装置が回転することになる。子どもが中心となり，その周りに教育についての装置が組織されることになる」と述べ，児童中心主義的な教育論を展開した。

　さらに，イタリアのモンテッソーリ (1870-1952) は，『子どもの家』において，子どもたちの自発的な活動を保障するために児童生徒のために整えられた環境を準備することの重要性を説き，ドイツのシュタイナーは「自由ヴァルドルフ学校」(1919) を設立した。

　以上のような欧米のデモクラティックな思想や人間尊重精神，児童解放などを謳った思想は，折しも第１次世界大戦後，苦しい生活を強いられてきた民衆が政治的に目覚めていく大正デモクラシーの只中にあって，日本でも積極的に紹介され，広まっていくことになった。

◆ 大正新教育運動の展開

　日本では，明治30年代あたりから既に当時の教育に対する批判はみられるようになっていた。現場に定着しつつあった一斉教授法は，多様な子どもに対して教師一人を中心に授業を行うため，教育の画一化という問題が指摘されたし，教師の権威も次第に失われていく傾向にあった。教師に関しては，多くの師範

学校で実施されていた「人物査定法」——生徒を卒業時，優等生，普通生，劣等生に区別して，その区別をそのまま教員の給与に反映させるというやり方——が，いわゆる「師範タイプ」という教師像を多く生み出してしまった。すなわち，真面目，実直，親切といった長所を持ち合わせる反面，内向的，融通がきかないといった否定的な意味合いを含む教師像である。こうした当時の教育の在り方に疑問をもっていた者たちが，欧米の新教育思想に共鳴したことから，師範学校附属小学校や私立小学校を中心に大正新教育運動とよばれる新しい教育実践が展開されるようになっていく。

　師範学校附属小学校の活動として代表的なものとしては，たとえば，兵庫県明石女子師範学校附属小学校における及川平治の「分団式動的教育法」，奈良女子高等師範学校附属小学校における木下竹次の「合科学習」，千葉県師範学校附属小学校における手塚岸衛の「自由教育」などがあげられる。また，私立小学校では，羽仁もと子の「自由学園」，沢柳政太郎の「成城小学校」，野口援太郎や下中弥三郎の「池袋児童の村小学校」などの実践が有名である。大正新教育運動は，1921（大正10）年頃にもっとも隆盛期を迎えたとされ，この時期開催された「八大教育主張講演会」には5,000名近くの参加希望者があったという。

八大教育主張講演会の講演者とテーマ

稲毛詛風	「真実の創造教育」	河野清丸	「児童主義の教育」
及川平治	「動的教育の要点」	千葉命吉	「衝動満足と創造教育」
小原国芳	「全人教育論」	手塚岸衛	「自由教育の真髄」
片上　伸	「文芸教育論」	樋口長市	「自学主義教育の根底」

　これら8つの題目をみても分かるとおり，大正新教育運動は実際，極めて多様な内容を有した運動であり，それらの活動のひとつひとつに異なる理論や主張がみられる。そのため，すべての特徴をあげるわけにはいかないが，ここでは上記のうち，及川平治によって実践された「修身」教授の具体的展開例をあ

げておくこととする。

◆ 及川平治の思想と「修身」教授の方法的改良

　兵庫県明石女子師範学校附属小学校の主事として教育の実践研究に意欲的に取り組み，八大教育主張の講演者ともなった及川平治の理論は『分団式動的教育法』(1912)にまとめられているが，及川理論に基づく道徳教育の実践は1915 (大正4) 年に発行された『分団式動的各科教育法』からみることができる。

「病友を見舞う」(尋常三学年)
・第1回　1時間
１．学習動機の惹起 (1)　自己経験の喚想。汝等は病気にかかりたることありや。(衆童挙手) 　次に対話に移り甲乙丙丁と順次自己経験を述べしむ。教師は各児の経験に対し，「どんな病気でした」「どんなに苦しかったか」「御医者さんはどなたですか」「見舞いを受けたことがあるか」等を問答す。 (2)　学友小川陽一の病状の紹介。病気の重き時には牛乳も果物もうまからず。他人の近寄るをいとう。やや快くなると，淋しさに堪えず。そは汝等の経験せる事ならん。「誰か小川さんの家を見舞うた方はありますか」見舞せるものに病態を話さしむ。「然り。小川さんは一杯の牛乳も飲めず，夜は眠らず大層やせおとろえたが昨日よりやや快くなったそうだ。しかし，まだ熱もある。油断ができぬ。誠にカワイソウです」汝等いかに思うか。
２．新地位の創設 　児童は病状の紹介によって，いたく同情を動かせり。余はいかにして慰むべきかを図れり。児童中には「毎日見舞う」といふ者あり，「見舞品を贈るべし」といふ者あり。
３．題材の構造 (1)　余は構造につきて指導せり。汝等の意見ことごとく可なり，よって本時間には見舞品として図画帳をつくらん，衆児は大いに喜こべり。各自思ひ思ひの図画を描き始めたり。余はなるべく病友のみて楽しむべき絵画を暗示せり。表紙の図

案をなすもの,軍人図鑑を描くもの,滑稽画ポンチ絵を描くもの,あるいは絵画中に面白き文句を記入するものあり。此の間余は机間を巡視せるのみ。
(2) 児童の作業のほぼ終われるをまちて余は各児の図画を全級に報告せしむ。余は「汝等の絵画の小川君に達せるとき彼はいかに喜ぶならん」と告げ,余もまた一枚の絵画を添えたり。
(3) 次の此の図画帳をいかにすべきかをはかれり。児童は「見舞いに行くべきものの順番を定め当番のものこれを携帯すべし」といふ。余は之を許せり。最後に余は見舞いの仕方につき一,二の注意を与えたり。これにて本時間の終わりとす。
(中野光『大正自由教育の研究』黎明書房,1998年,124-125頁)

以上のごとく,及川理論に基づく実践は次のような特徴を有している。第一に,教育の題材を「教科書」からではなく,「自己経験」と「学友」といった子どもたちの実生活から取り出していること,第二に,病気の学友に対する行為として「見舞う」「見舞品を贈る」といった意見が教師の側からでなく,子どもたちの側から出てきたものであること,第三に,本時間が教師の説話ではなく,教師も含めて「図画帳」を作成する時間に費やされていること,である。

なお,この実践にはつづきがあり,第2回目では,見舞いに行ったものからの病状報告,病友を慰める他の方法について問いかけ,病友の親や本人から感謝の言葉などが紹介されている。そして,第2回目の最後は,次のような「訓辞」で締められている。

6. 訓辞
「小川の病気は予想外に早く全快せり。当人の喜びはもとより,父母の心配も漸く消えたり。是れ偏に家族の看護によるといえども,また全学友の至情の結果に外ならず。汝等は共に学び共に修養すべき学友の昇校を喜ばざるべからず。いでや,共に『朋友』の歌をうたひて全快を祝せん」と言末だ終らざるに全級は起立し「善きを進め悪しきをこらし,是ぞまことの友よ」とうたひだせり。人,或いはいわん,「汝の修身教育は図画,手工,綴方にあらずや」といふを止めよ。病友を思ふの至情は種々なる慰藉の方法に発露し,たまたま図画,手工,綴方となれるに過ぎず。余は図画,手工の成績の巧拙につきて何等の批評も加えず,彼らの作業中はただ左の言葉を繰替せるのみ。汝等の作品の小川の手に達せるとき彼はいかに喜ぶならん。作業は図画となれり。手工となれり。しかれども,これ

> 病友を思うの至情が胸奥より流露したるなり。たしかに動機と行為は連合せり。現行修身教育の如く実地、病友を見舞ふ機会あるもこれが利用をくわだてず、教師「誰さんはなぜ欠席ですか」児童「病気です」教師は出席表に「病欠」の符号を記入するに止まり、実際生活に縁遠い訓辞を蝶々するもはたしていくらの効用あるべきか。
>
> （中野光『大正自由教育の研究』黎明書房，1998年，125-126頁）

　この最後の訓辞に集約されているとおり，及川は当時の修身教育が，たとえ学級に病欠の子が出たとしても，それを学友の見舞いという形で修身の題材にするようなこともせず，ただ子どもの欠席理由と出席表のチェックだけに止まっているような教師たちが，「教科書」から取り出した題材でもって子どもたちの「実際生活に縁遠い訓辞を蝶々する」ので，何の効用の期待できないものとなってしまっていることを嘆きつつ，もっと子どもたちの実生活から題材をとりだし，子どもたちの発言によって授業を展開していくようなやり方で「動機と行為」の連合した道徳教育を行うべきであることを主張している。

　以上，及川はもっぱら「教育の方法」に自らの関心を置き，その開発に積極的に取り組んだが，彼は基本的に「教育の方法」も，「教育の目的」とともにわが国の社会生活，経済状態の変動とともに常に改良されなければならないというスタンスをとっている。それは及川が軍国主義ではなく福祉国家として日本を構築するために発動的人間を育成する必要があると考えていたためである。

　ところで，上記の実践では，子どもたち活動のうち，多くの時間が「図画，手工，綴方」といった作業に費やされており，その活動は必ずしも「修身科」というひとつの教科の枠内にとどまるものではなかった。そのため，当時のいわゆる「師範タイプ」の真面目な人からみれば，「汝の修身教育は図画，手工，綴方にあらずや」といったような脱線，逸脱した授業にしか思われなかったかもしれないが，それに対し及川は「病友を思ふの至情は種々なる慰藉の方法に発露し，たまたま図画，手工，綴方となれるに過ぎず」と述べ，これらの作業が「病友を思うの至情が胸奥より流露した」結果として出てきた図画，手工，綴方であり，そこに道徳的な動機と行為の連合を認めるがゆえにこれを修身教

育として主張した。

　こうした，及川のように修身科というひとつの教科の枠にとらわれない道徳教育の在り方に関しては，成城小学校を創設し自らもその校長を務めた沢柳政太郎も同様の見解がみられる。彼はむしろ，『実際的教育学』（明治43年）において「徳性を涵養すると云ふことは決して修身科のみに依るべきものではない」と述べ，1年生から3年生までのカリキュラムから「修身科」を削除してしまった。修身科というひとつの教科の枠にとらわれない道徳教育の在り方は，このように修身科解体論に通ずる一面を有していた。

　ところで，大正から昭和初期にかけて，そうした，教科書や修身科の枠にとらわれない道徳教育を模索しようとする動きのなか，見過ごすことができないのは国語教育家たちの活躍であろう。

2）「修身科」以外の道徳教育実践

◇「白樺派」教師たちの誕生

　1910（明治43）年，大正新教育運動が始まる少し前の時代から，文壇では，武者小路実篤，志賀直哉ら文学者グループによって結成された「白樺派」が，人間の生命賛歌，理想主義，人道主義，個人主義に立った作品を作り出していた。彼らの人間の生命に対する想いは強く，それはたとえば乃木将軍夫妻が天皇の後を追って自殺するという事件とそうした行為を称賛する当時の時代的風潮に不快感をあらわにしている姿勢からもうかがわれる。「人の生命は貴い。しかし自分の生命は更に貴い」。白樺派がこうしたエゴイスティックなまでに人の命に固執していく背景には，当時，乃木神話が形成されようとしていく国民思想の趨勢があった。彼らはそうした時代的潮流に抗い，国家的価値を否定し，人間の生命を高らかに謳うことによって人類的価値を貫徹しようとしていた。そうした白樺派文学の影響は当時の教師たちにも及んでいる。

　いわゆる「白樺派」といわれる教師たちは，自らの給与をはたいて学級文庫をつくり，そこに武者小路実篤や島崎藤村，夏目漱石といった邦人の小説から，トルストイ，ドフトエフスキー，ロビンソンクルーソーといった海外の翻訳本

に至るまで取りそろえ，子どもたちにそれらを国定教科書のかわりに読ませるなどした。彼らの教育を受けた子どもたちはそれまでの画一的な教育とのあまりの違いに最初こそ戸惑いをみせたものの，国定修身教科書以外の世界に無心に魅了されていったようであり，彼らが子どもたちに与えた感化，影響力の大きさははかりしれない。それは当時，国定修身教科書に登場するような人間像が国家的徳目を普遍的価値として押し出そうとする政府の虚像であることを見抜かせる可能性をもっていた。ただ，従来の授業のように時間割も定めず，子どもたちのやりたいことさせ，読みたいものを読ませるといった彼らのスタイルは一見して野放図とも受け取られかねないものであり，当時の父母一般からしてみれば，気まぐれで独善的な教育にしかみえなかったのであろう。次第に強化されていく思想統制の中，彼らは地域の十分な支援も得られぬまま，教壇から去ることになる。さて，彼らよりも大きな広がりと展開をみせた実践が芦田恵之助（1873-1951）から始まる「生活綴方」による道徳教育実践である。

◆「生活綴方」による道徳教育実践

　芦田は大正から昭和にかけて活躍した国語教育家であるが，子どもたちの内発的動機に基づかない学習の在り方を批判し，教材よりも児童の側に眼をむけるべきであることを強く訴えた。当時，ある陸軍の高官が二十歳になって青年が受ける学力試験の結果をみて学校で学んだはずの知識や計算能力がすっかり「摩滅」してしまったと嘆いたのに対し，芦田はそれを「摩滅」ではなく「剝落」であると表現したという。芦田によれば，当時の教育は児童の日常生活に融合しておらず，糊で紙をはりつけたようなものだから，糊の力がゆるめば直ちに剝げ落ちてしまうのだそうだ。

　ところで，明治半ばにひとつの教科として誕生した国語科は，読み方，書き方，綴方という3つの領域からなっていたが，このうち，綴り方だけは国定教科書が作られておらず，教師が手を加えられる余地がわずかに残されていた。また子どもたちに自身の言葉で表現させる綴方は，彼らの日常生活を反映させやすく，生活を見直させるきっかけにもし易かった。芦田はそこに眼をつけ

「随意選題」によって「生活の実感を書く」という手法を提唱する。これが「生活綴方」の源流となる。

その後,「生活綴方」運動に大きな影響を与えたもののひとつが,「赤い鳥」という雑誌である。「赤い鳥」は当時著名な小説家であった鈴木三重吉(1882-1936)が児童向けの文芸雑誌として,1918(大正7)年に創刊したものであり,自然や生活を観賞しながら自由に詩や童謡,画や童話などを創作し投稿,掲載するというものであった。「赤い鳥」自体は作者の一人であった北原白秋が後に自らが刊行した童謡集『とんぼの眼玉』の「はしがき」において「あくまでもその感覚から子どもになって,子どもの心そのままな生活の上に還って自然を観,人事を観なければなりません。子どもに還ることです。子どもに還らなければ,何ひとつこの悉しい大自然のいのちの流れをほんたうにわかる筈はありません」と述べていることからも分かるとおり,先入観の排除,「童心主義」をその理念とするもので,教育の手段,方法を意図したものではなかった。しかし,購読者であった農村の小学校教師を中心に学級で童話を読んで聞かせたり,子どもたちの作文を投稿したり,文章作法を真似させたりする中で,昭和初期の生活綴方運動の文化的地盤が築かれていったのである。

さらに,「生活綴方」を単なる「文芸論」,「童心主義」から生活を認識する手段としての「教育論」へと転換させていくのが小砂丘忠義(1897-1937)である。小砂浜は『綴方生活』において「生活」を単なる「表現材料」ではなく「教育の方法」として重視することによって若い綴り方教師を育てる役目を果たした。彼の社会変革に向かう姿勢は,その活動にたずさわる者たちの視線を「日常生活」から「労働」,「家庭」から「社会」へと向かわせていくことになる(巻末資料(6)「尋五の文話系統案」参照)。

こうして教育の有力な手段としての「生活綴方」は熱心な教師たちを通して全国へ普及伝播していき,やがて生活綴り方を中心としたサークルやネットワークが盛んに作られるようになっていくのである。

とりわけ東北地方の小学校教師たちの社会に対する問題認識は際立っており,その強い団結力と尖鋭な社会認識をもった活動は「北方教育運動」あるいは

「北方性教育運動」と呼ばれ当時の生活綴方運動の中でも注目を集めるようになっていく。秋田県の成田忠久によって創刊された『北方教育』は若い多くの綴り方教師たちを育成し，1934（昭和9）年，東北六県に新潟を加えた若い綴り方教師たちの結集体として「北日本国語教育連盟」を結成させるに至る。「北方性」を旗印にした彼らの運動は，寒い地方において深刻な冷害と凶作，そこからもたらされる貧困と悲惨な生活，犠牲を強いられる子どもの存在を背景としたものであった。

> 「東北地方の凶作」
> 　…東北地方，就中岩手，青森，福島の一部等に襲い来たっている不作はすでに連年に亘る執拗なものであるだけに遥かに深刻，じりりじりと追いつめられて来た今日，その惨状はいよいよ極点に達していると思われる。昔ならば当然全村餓死という所だが，さすがに交通の開けた今日，どうにか生きてだけはいるという話。どうにか生きているだけはいるというその程度の救援でいいものか。折柄関東地方は甘藷の収穫時期，その藷の両端の切ればしは牛や豚に食わす，その牛や豚にくわしてまだ残った屑物がこれら東北不作地の同胞の生命の糧となっているという状態だ。近畿地方の水害で海水に浸った殆ど廃物に近き米がこれら窮迫せる地方に送られて，しかも一部不正商人の手に操られてそれさへ値上げ値上げで遂に彼らの食膳をわづかににぎわすことすらもできかねているという状態である。
>
> 　　　　（小砂丘忠義『私の綴方生活』モナス，1938年，235頁　※一部，常用漢字に改めた）

しかしながら，大正から昭和初期にかけて隆盛を極めたこれらの新教育運動も次第に強化されていく政府の統制とともに徐々に衰退していくこととなる。

3）ファシズムの台頭と大正新教育運動の衰退

1919（大正8）年，政府は「小学校令」を発布し，「地理」と「日本歴史」の時間の増設をはじめ，「国民精神の涵養」に努める方針を宣言するが，この年，長野県では白樺派教師が子ども文庫をつくろうとしたことに端を発した「戸倉事件」が起こり，三名の白樺派教師が教壇を追われるように去っている。その2年後には，八大教育主張講演会において「衝動満足と創造教育」を講演した千葉命吉が広島県師範学校附属小学校より退職勧告を受けている。

1924（大正13）年には文部大臣が地方長官会議において新教育を非難する訓示が出されているが，この年，やはり長野県では川井清一郎訓導が修身の授業に国定教科書を使わず森鷗外の作品を使ったために休職処分を申し渡される川井訓導事件が起こっている。

　1925（大正14）年には，国民の間に蔓延する民主主義，社会主義の思想に危機感を強めた政府が「国民思想の悪化」を防ぐため，社会教育と学校教育を通して「思想善導」を進める方針が示されたほか，「治安維持法」が制定された。1930（昭和5）年には当時の動向に異を唱える教員たちによって「日本教育労働者組合」が結成され，反帝国主義，反戦平和，反天皇制の立場から教育闘争が繰り広げられたが，彼らに対しては治安維持法の名において徹底的な弾圧が加えられた。1931（昭和6）年，満州事変や五一五事件を契機に日本が本格的な「非常時」に突入すると，国民意識の統合，思想統制はなお一層強化される道をたどった。1933（昭和8）年，長野県下の組合に対する弾圧が激化し，一説によれば警察の取り調べを受けた者600余名，うち検挙された者208名にも及ぶという。彼らに対しては子どもたちに悪影響を与えた罪により懲戒免職，有罪判決が下されるなどした。なお，こうした動向のなか，先にあげた生活綴り方運動を通してつながり，普及していった教員ネットワークや生活修身の実践も，戦時体制化で人民戦線を意図した嫌疑にかけられ処分されていくことになる。弾圧の手は大学教授にまでおよび，自由主義的案な刑法学説を説いた滝川幸辰が休職処分を申し渡された。これに対し，法学部全教官が辞表を提出したほか，同教授に対する支援運動が学生，他大学にまで広がっていった。しかしながら，最終的には関与した者が特別高等警察の弾圧を受け敗北に終わった。なお，一連のこうした弾圧は，「教員赤化事件」「教育界未曾有の大不祥事」などとして報道され，全国に衝撃を与えた。

　1935（昭和10）年，国体の本義が説かれ，地域社会においても青少年の健全なる育成，思想善導という名のもとに報道関係者はじめ，あらゆる組織体が大政翼賛会傘下に組み入れられるようになると，体制に与しない「非国民」を排除する体制が整えられていくようになり，結局，新教育運動もそれを支えてい

た大正デモクラシーも1930年代あたりには姿を消していくのである。

　そして，第2次世界大戦への突入と国家総力戦体制下の中で，教育の現場も国定教科書を中心として天皇の神格化と愛国心の涵養，国民的精神の涵養を極めていくことになるのである。戦況の悪化とともにエスカレートしていくヨイコドモ像のイメージは，日々子どもたちの実態，実生活から乖離していくようになり，最終的には「死」への教育が彼らの最も身近な大人たちの手で行われていくことになるのである。「死」への教育への反省がなされるのは1945（昭和25）年，日本が敗戦を迎えてからのことである。

3．「修身科」の停止と新しい道徳教育の模索

1）第2次世界大戦の終結と「修身科」の停止

◆「修身」，「歴史」，「地理」の授業停止

　1945（昭和20）年8月15日，第2次世界大戦は日本のポツダム宣言受諾とともに終結を迎えた。この敗戦を機に，日本はそれまでの帝国主義，軍国主義的な国家体制を改め，民主主義，自由主義的な社会の構築をはじめることになる。日本政府はアメリカを中心とする連合国軍総司令部（G.H.Q）の指導のもと，民主的な国家の誕生に向けて抜本的な教育改革に取り組まなければならなかった。G.H.Qはまず，従来の国家観を改めるべく，戦中，日本の軍国主義，帝国主義的な国民精神を涵養するのに甚大な影響を及ぼしてきた3教科，すなわち「修身科」，「日本歴史科」，「地理科」の授業を即刻停止し，そこで使用されていた教材など全て回収するよう指示した。こうして，戦前の学校において道徳教育を担う教科として重視されてきた「修身科」は廃止され，カリキュラムから削除されることになったのである。

◆ 新しい国家の誕生

　翌年，1946（昭和21）年には「新教育指針」が発表され，今後，日本の向か

うべき道が示された。そこでは，これからの日本が国際的な関係を基盤としながら「人類の平和」のために働く「真の文化国家」となることが宣言されており，そうした平和的文化国家の構築がこれからの教育者の使命であることが謳われている。そしてこの「新教育指針」より数ヵ月後11月3日に公布されたのが「日本国憲法」であり，その前文には「主権在民」，「基本的人権の保障」，「恒久平和」といった新たな理念が掲げられている。

> 「日本国憲法」
> 　　　　　　　　　　　　　　　昭和21・11・3公布／昭和22・5・3施行
> 　（前文）　日本国民は，正当に選挙された国会における代表者を通じて行動し，われらとわれらの子孫のために，諸国民との協和による成果と，わが国全土にわたって自由のもたらす恵沢を確保し，政府の行為によって再び戦争の惨禍が起ることのないやうにすることを決意し，ここに主権が国民に存することを宣言し，この憲法を確定する。そもそも国政は，国民の厳粛な信託によるものであって，その権威は国民に由来し，その権力は国民の代表者がこれを行使し，その福利は国民がこれを享受する。これは人類普遍の原理であり，この憲法は，かかる原理に基くものである。われらは，これに反する一切の憲法，法令及び詔勅を排除する。
> 　日本国民は，恒久の平和を念願し，人間相互の関係を支配する崇高な理想を深く自覚するのであって，平和を愛する諸国民の公正と信義に信頼して，われらの安全と生存を保持しようと決意した。われらは，平和を維持し，専制と隷従，圧迫と偏狭を地上から永遠に除去しようと努めてゐる国際社会において，名誉ある地位を占めたいと思ふ。われらは，全世界の国民が，ひとしく恐怖と欠乏から免かれ，平和のうちに生存する権利を有することを確認する。
> 　われらは，いづれの国家も，自国のことのみに専念して他国を無視してはならないのであつて，政治道徳の法則は，普遍的なものであり，この法則に従ふことは，自国の主権を維持し，他国と対等関係に立たうとする各国の責務であると信ずる。
> 　日本国民は，国家の名誉にかけ，全力をあげてこの崇高な理想と目的を達成することを誓ふ。

「日本国憲法」が公布された翌年，1947（昭和22）年に，その精神にのっとって制定されたのが「教育基本法」である。昭和22年に制定された「教育基

本法」にはこれからの教育の目的が,「人格の完成」,すなわち「平和的な国家および社会の形成者として,真理と正義を愛し,個人の価値をたつとび,勤労と責任を重んじ,自主的精神に充ちた心身ともに健康な国民の育成」にあることが明記されており,その文面は「日本国憲法」とともに新しい民主国家の実現のために欠かすべからざるものとしてほぼ60年遵守されてきたが,時代の変遷とともに社会状況も変わってきたとのことから,2006（平成18）年,戦後はじめて改訂が行われた（巻末資料（7）「教育基本法（新旧対照表）」参照）。

今回の改訂では,前文および教育の目的・目標が整理され,公共の精神の尊重や豊かな人間性と創造性を備えた人間性の育成,伝統の継承と新しい文化の創造,わが国の未来を切り拓（ひら）く教育の重視といった新たな文言が加えられたほか,「生涯学習」社会の実現,「家庭教育」や「幼児教育」の見直しなど,新たな項目も付記された。

なお,戦前から戦中にかけて,教育の在り方を規定してきた「教育勅語」に関しては,直ちに廃止の措置がとられることもなかったため,戦後その有効性がしばらく曖昧にされたままであった。「教育勅語」の効力が既に失われていることがはっきりと明言されたのは,1948（昭和23）年,日本が敗戦をむかえてから3年が経過してからのことであった。衆議院決議から「教育勅語等排除に関する決議」が,参議院決議から「教育勅語等の失効確認に関する決議」が,それぞれ1948（昭和23）年6月に発表されている。

2）「社会科」を中心とした道徳教育

◆「公民教師用書」の道徳教育観

ところで,戦後,停止された「修身科」,「日本歴史」,「地理」にかわって新しく誕生したのが「社会科」であった。新設されたばかりの「社会科」は歴史や地理ばかりでなく,新しい民主主義社会の理念を教え,「公民的資質」の育成に寄与する教科として構想された。このとき作成された「公民教師用書」の「まえがき」には新しい道徳教育の基本線を示すにあたり,これまでの道徳教育に対する問題点の指摘が以下のように述べられている。以下,引用が少し長

くなるが，その内容はその後の道徳教育論争の根幹にも関わる重要な思想であるため，そのまま抜粋しておくこととする。

> 「まえがき」
> 　実際にはわが国の社会生活も種々の点で近代化し，変化して来た結果，古い社会の道徳意識そのままでは，国民生活に現実には適合しないところが多くなってきたにもかかわらず，道徳教育の根本の方向には変化が無く，依然として上から徳目を教え込むという指導が跡を絶たなかった。そこでこの教育は観念的にとどまり，たとえば「孝」という徳目を指導する際に，多くの場合，それを具体的な社会生活の全体から切り離し，古い例話を用いて，その徳目にしたがう個人の心術だけを作り上げようとする傾向があった。したがって，その結果は道徳教育が一般に抽象的，観念的になり，親子の間を具体的な社会生活の中で正しく合理的に処理していくこと，すなわち，孝を現実の生活の中で，具体的に合理的に実現していくことにおいては，指導に欠けるところが多かった。都会のアパート住まいの子どもに，昔の農家の子どもの孝の例話によって指導を行っても，そこでは道徳は観念の問題にとどまり，生活の問題とはならない。そのために，道徳は生活の力とならないで，言葉や観念に終わり，子供は孝の大切なことを観念において知っていても，現実に具体的に正しい親子の関係を成り立たせることができないことが多い。また，美風としてその説くところの家の生活というものも実は古い社会のそれを理想化したものであり，現実の家の生活との間にくいちがいが多く，そのためにかえって，家族のためのみをはかるという一種の家の利己主義が横行し，そういう行為が社会生活の正常な発展の妨げになるという結果さえみられた。そこでもっと現実の社会生活に即した指導が要求されるのである。
> 　また，従来の極端に国家主義的な教育方針の結果，道徳の向かうところもまた一律に国家目的の実現というふうに考えられた。そこで結局道徳教育が人間の基本的権利及びその生活条件を無視するような傾きもみられるようになった。国家は個人をその一員とする共同体なのだから，個人と国家との繋がりは，もちろん重くみられなくてはならない。しかし，国家は各個人が協力して公共の善のために尽くすことができるために必要な共同体であるということを教えることが大切である。かつては，国家は至上のものとされたので，国家目的の実現のためには，個人の人間性やその現実の生活さえも無視されるようなことにもなったのである。したがって，国家目的実現のためには実際生活にそぐわない無理な要求がなされ，その結果，かえって，表面だけをつくろうような偽善的な傾向を生み，生活自身は少しも改善されないことになりがちであった。個人の人間性を無視する画一主義，むなしい形式主義がそこから生じて，あたかも道徳教育全体が迂遠な空疎な

> 教育であるかのような批評も聞くようになったのである。(略)
> 　今，日本の平和的民主国家としての再建を望み見る時，その事業の大半は教育に委ねられているといっても過言ではない。それは国民一般の生活の再建が教育によってはじめてその礎が置かれるからである。しかも，この国民教育の再建の成否は，その根本を考える時，社会科の教育の成否如何にかかっているといってよい。職業教育も，政治教育も，また科学教育も，その根底において，真の意味での公民，すなわち公正と自由と寛容との精神を愛する国民の育成を基としてこそ，その意味を持つことができる。これを思えば，公民科を含む社会科の教育はすべての教育の基本であり，或いは教育そのものであるとさえもいえるであろう。この教育の任に当たる教師の責任は極めて大きいといわなくてはならない。
>
> (文部省『中等学校　青年学校　公民教師用書』1946年，3-5頁　※一部，常用漢字に改めた)

　以上のごとく，ここには徳目主義的な「修身科」時代の問題点として，可変的な社会を想定せず現実の生活と乖離した徳目主義的な教育に埋没してきた点と国家至上主義的な目的論によって個人の人間性を無視した教育に終止してきた点をあげ，今後目指すべき新しい道徳教育の在り方として「生活」に根ざした道徳教育を心がけるべきであるとの見解が示されている。

◆「社会科」を中心とした道徳教育の事例
　これまでの訓戒や説教による言語主義的な古い道徳教育に対する反省にたって，日々の生活や体験に重点を置いた新しい社会科による道徳教育の試みが始められた。社会科において考案された計画としては，たとえば以下のようなものがある。

社会科　学習指導案	四年五組	新家恭一
１．日時　昭和32年９月９日第２時限(月)　於　四の五教室		
２．小単元　港　町		
３．本時の目標 　既習教材港町を総括することによって，主として道徳的内容について認識を深		

める。

4．本時を特設した理由
　本教材には，多くの道徳的内容がもられているが，従来の社会科の授業では，地理的歴史的社会的のいわゆる知的方面の取り扱いが，主となって，道徳的内容の指導が不十分になりがちであり，ややもすると忘れられる事さえあった。道徳的内容を子供が十分に理解して，自分のものとして，実行出来るように導くには，道徳的内容を中心に取り扱う時間を特設する必要があると思う。次に小単元ごとに，まとめの時間を設けたが，その理由は，この教材は「わたしたちの郷土」という単元で，さらに多くの小単元に分かれている。そして各単元ごとに道徳的内容が多く含まれているので，小単元の終わりに指導するのが，児童には理解しやすいと思ったからである。

5．学習活動
(1) 理解の整理
・港町はどうして出来た町ですか。
・堺のさかえたのは，今から何年位前で，この時の町のようす，港のようす。
・堺の商人について，重点的に復習する。
・長崎のさかえた理由と明治以後の同市についても。
(2) 問題のとりあげ

具体的目標（徳目）	予想される児童の活動
イ．堺について感心したことがありますか（進取の気性）	貿易をすすんで行った。 各地の大名にたいせつにされた。 戦火をのがれて町に集まった人を助けた。
ロ．堺の町が平和であったのはどうしてですか（平等、自由）	町のことは代表者で決めた。 職業で人のねうちを区別しない。 仏教もキリスト教も自由であった。
ハ．町がおとろえた時、町の人びとはどうしましたか（協力）	工業をおこした。 戦災の復興

(3) 実践への工夫
・住みよい町にするにはどうしたらよいですか。
・そのために私達はどうしたらよいでしょうか。

6．結果の記録
・授業者の反省・先生方のご意見・次回への準備計画

> 7．備考
> ・本単元の学習展開区分は，別表とした。
> ・単元全部終了後に感想文の作成と総まとめの時間を予定している。
> ・教室の机の並べ方は，本授業に便と思って急に班ごとに並べかえた。
>
> (貝塚茂樹監修『20 社会科と道徳教育』(戦後道徳教育文献資料集 第Ⅱ期) 日本図書センター，2004年，259－260頁)

　しかし，こうした「社会科」を中核とする道徳教育は，道徳や徳目に関する「知識の授与」という面から言えば必ずしも「修身科」より優れた結果を残したわけではなかった。何故ならば，「社会科」において目指された「知性」とは子ども自身が生活の中で切実な問題にあたった際に発揮される，いわば「問題解決的」な知性であり，具体的，日常生活，子どもたちの経験や自発的活動といった側面を重視したものだったからである。

　したがって，昭和22年，教育基本法が発布されて一年も経たぬ混迷の時期に始まった「社会科」を中核とする道徳教育構想は，民主主義の理解の不徹底，これまでの価値観の残存から「はいまわる経験主義」と揶揄され，とくに封建的な道徳観を保持する保守層を中心に多くの批判を受けることとなり，折しもアメリカによる対日政策の転換という流れの中で，やがて方針転換を余儀なくされていくことになるのである。

3）全面主義的道徳教育の時代

◆ 政治的「逆コース」と「修身科」復活論

　終戦から5年後，米ソ間の緊張が高まってくると，戦後一貫して推し進められてきた日本の「非軍事化」，「民主化」路線は一転し，反共防衛体制の強化が求められるようになってくる。1950（昭和25）年には現在の自衛隊の前身である「警察予備隊」が創設され，次いで翌年，1951（昭和26）年には「日米安全保障条約」の調印が行われた。こうした，いわゆる政治的「逆コース」の流れの中で教育においてもさまざまな政策転換が図られていくことになる。当時の文部大臣，天野貞祐は教育改革構想として，1)「国旗，国歌」の普及・徹底，

2)「愛国心」教育の徹底，3)「修身科」の復活を掲げた。天野大臣によって提唱されたこれらの教育改革案は，戦中の教育への反省がなされて間もなかったこともあり，国内に大きな波紋をもたらした。とりわけ「修身科」復活論に関しては，日教組を中心に批判が集中し，反対する者も多くみられた。しかしながら，当時「社会科」を中心に行われていた「経験主義」的な教育は先に述べたとおり，民主主義への理解の不徹底，封建的な価値観の残存から，「修身科」復活論を支持する者も少なくなかった。

◆ 学校教育全体を通じて行われる道徳教育

「修身科」復活論をめぐる上記のような抗争に対し，1951（昭和26）年，文部省から「道徳教育のための手引書要綱」が作成，配布され，「修身科」復活論に対するひとつの考え方が示された。そこには，道徳を独立したひとつの「教科」として設けることは，戦前の修身教育へ逆戻りしてしまう危険性があり，慎重になる必要があること，ただし，戦後のように「社会科」を中核として行われる道徳教育も十分とは言えず，今後は道徳教育をもっと学校教育全体の中で強化，徹底していく必要性のあること等の考え方が示されている。つまり，この段階では文部省も道徳の教科化には慎重な姿勢を見せつつ，ただ道徳教育について学校教育全体を通じて行うべきことを確認するにとどまっているということである。なお，手引書要綱の「道徳教育は，学校教育の全面において行うのが適当」との文言から，この時代は全面主義的道徳教育の時代と呼ばれている。

4）昭和33年「道徳の時間」特設

◆「道徳の時間」特設論争

手引書要綱において全面主義的な道徳教育の在り方が確認された後も，世界情勢の悪化や秩序回復を求める世論の声など，社会科解体論，道徳の教科化を求める保守派の勢力は衰えることなく，「うれうべき教科書問題」，「山口日記事件」，「旭ヶ丘中学の偏向教育事件」など，教育の政治的中立性の問題を根拠

としながら、教科書検定の強化、学習指導要領の改訂、「道徳の時間」特設へと歩が進められていくことになる。こうして結局、「道徳」の特設化が断行されるわけであるが、特設にあたっては当時から多くの問題点が指摘されていた。たとえば1957（昭和32）年、日本教育学会政策特別委員会が明らかにした「道徳教育に関する問題点（草案）」には、「道徳の時間」を特設した場合の問題点が簡潔にまとめられている。以下、その「あとがき」において確認される問題の要点だけまとめておくこととする。

● 政治過程との関連において

・近代民主主義政治のもと、個人の自由と良心の問題である道徳とその教育について、公権力が一定の方向づけや枠づけをすることは、それこそ教育の中立性をおかすものである。
・上からの道徳教育強化論は、歴史上幾度も繰り返されてきたが、美辞麗句とともに行われてきたそれらの行為は、必ず国民の生活を抑圧し苦しめた。
・この問題の審議過程は性急かつ不透明なものであり、国民大衆の意見を反映させるだけの十分な時間も透明性も有していない。
・国民道徳を高めるために政府は、学校の教育課程をいじるより先に、社会生活の安定や健全化、教師が健全に教育の仕事に専念できるような条件整備など、他にしなければならないことが沢山あるのではないか。
・時間特設とはいえ、時間および内容を示そうとする以上、教科に等しく法改正を必要とするはずであるにもかかわらず法網をくぐるやり方で強行するのは問題がある。

● 学校教育との関連において

・道徳教科を特設することは、結局、道徳教科が全教育課程を拘束することとなり、全体のバランスを不自然に崩すことにつながる。
・具体的な社会理解や生活問題から切り離された抽象的徳目や道徳的文化財を教えることは、時代錯誤であり、政治や経済の要求に無批判に追随する人間を育成しかねない。
・道徳と切り離された場合、これまで日本社会の民主化のための中核的な教科として近代的な人間の育成を基本線としてきた社会科は、その本質を失わずにいない。

> - その内容がたとえ民主的な徳目であったとしても，断片的抽象的に与えられる方法では，人間らしい実感や自主的な判断力を消失した人間を育成するだけである。
> - 道徳を独立した時間の中で担当する教師は，模範的人間として振る舞うことが要求されるため，教師と子どもの温かい人間的な関係が損なわれる恐れがある。
> - 政治の介入は教師の自由で自主的な研究を阻害するおそれがつよく，自由と自主的研究，判断を放棄した教師に，はたして本当の道徳教育を行うことができるが疑問である。

　以上のごとく，特設化に対しては，審議の不透明さや手続きの曖昧さなど，教育に対する公権力の不当な介入という政治過程との関連における批判や，日常生活や社会と乖離させることによって再び時代と逆行するがごとき断片的抽象的な教育へと退行させ，結局は教師の自主性を奪うことによって真の道徳教育を達成させることを困難にするのではないかという教育成果との関連における批判など，さまざまな問題点が指摘されていたが，文部省は1958（昭和33）年，「道徳の時間」の特設化をなかば強行に推し進めていく。

　昭和33年，文部省は「児童生徒が道徳教育の目標である道徳性を自覚できるように，計画性のある指導の機会を与えようとする」との理由から「道徳の時間」を毎学年，毎週1時間，学級担任が担当するものとして特設する旨，通達した。ただし，このとき，文部省は「道徳の時間」を従来の「教科」としては取り扱わないこと，その実践においては「なるべく児童生徒の具体的な生活に即しながら，種々の方法を用いて指導すべきであって，教師の一方的な教授や単なる徳目の開設に終わることのないように注意しなければならない」ことなど，「修身科」とは一線を画した形で実施されるべきであることを強調していた。この時期の道徳教育がまだ，「生活」との関連を損なわないよう留意されていたことは昭和33年当時の学習指導要領をみても明らかである。

◆ 昭和33年の学習指導要領（告示）

　昭和33年の学習指導要領では，まず「総則」の「第3　道徳教育」において

学校における道徳教育が「本来，学校の教育活動全体を通じて行うことを基本とする」ことや，道徳教育の目標が「教育基本法および学校教育法に定められた教育の根本精神に基づく」こと，道徳の時間の役割が「道徳的実践力の向上を図る」ことなどを明記し，次いで「第3章　第1節　道徳」の「第1　目標」において，教育基本法の根本精神にのっとり「個性豊かな文化の創造と民主的な国家および社会の発展に努め，進んで平和的な国際社会に貢献できる日本人を育成すること」を目標として掲げている。さらに「小学校」では「第2　内容」において，それらを達成するための道徳の時間における具体的目標として以下の4つの柱を立てつつ，合わせて36項目の内容を示している。

1 日常生活の基本的な行動様式を理解し，これを身につけるように導く。（6項目）
2 道徳的心情を高め，正邪善悪を判断する能力を養うように導く。（11項目）
3 個性の伸長を助け，創造的な生活態度を確立するように導く。（6項目）
4 民主的な国家・社会の成員として必要な道徳的態度と実践的意欲を高めるように導く。（13項目）

「中学校」では，以下の3つの柱となっている。

1 日常生活の基本的な行動様式をよく理解し，これを習慣づけるとともに，時と所に応じて適切な言語，動作ができるようにしよう。（5項目）
2 道徳的な判断力と心情を高め，それを対人関係の中に生かして，豊かな個性と創造的な生活態度を確立していこう。（10項目）
3 民主的な社会および国家の成員として，必要な道徳性を発達させ，よりよい社会の建設に協力しよう。（6項目）

さらに，「第3　指導計画作成および指導上の留意事項」をみると，「指導計画」に関して，それを固定的なものと考えるのではなく「児童の生活の中に起こる問題や時事的な問題等をも適宜取り入れ，修正を加えるよう，弾力性を持たせる」こと，「指導」に関しても「教師の一方的な教授や単なる徳目の解説

に終わることのないようにしなければならない」ことなどが明記されており，子どもたちの日常生活を学校教育活動に取り入れるような視点，つまり現実の生活や社会との「つながり」を尊重するような視点をもち得ていたことが伺われる。

4．「道徳の時間」における道徳教育

1）読み物資料の活用促進と道徳教育充実への動き

◆「読み物資料について」の指針

　昭和33年に導入された「道徳の時間」は，必ずしも行政の意図したとおりには進まなかった。1963（昭和38）年，教育課程審議会は，「生活指導のみをもって足れり」とする教師や「道徳の時間を設けていない学校」など，当時の道徳教育が「学校や地域によってかなりの格差」が生じている状況を危惧し，「道徳の時間」の充実をはかるべく，今後の学校における道徳教育の充実方策として，以下のような提言を行った。

　第一に，「目標内容の具体化」について，道徳の目標や内容に関して，各学校において指導しやすいようにするため，児童生徒の発達段階に応じた指導の具体的なねらいや重点を一層明確に示すようにすること。第二に，「教師用の資料等」の充実について，教師が道徳の指導を有効適切に進めることができるように，教師用の指導資料をできるだけ豊富に提供する必要があること。とりわけ，この指導資料に関しては，指導の効果を高めるための読み物資料，視聴覚教材の利用，その他各種の指導方法も解説するなど，適切な指導が行われるように配慮すること。第三に，「児童生徒用の読み物資料」の積極的な活用について，道徳的な判断力や心情を養い，実践的な意欲を培うため，児童生徒にとって適切な道徳の読み物資料を積極的に利用すること。ただし，そうした読み物資料の内容については，学習指導要領に準拠しているかどうか適切な方法により確認する措置を講ずること。

以上，こうした答申の内容から，当時，実施の段階においてすら徹底されているとは言い難かった「道徳の時間」を何とか有効に機能させるべく，「教材」とりわけ「読み物資料」の積極的な活用をうながそうとする様子がうかがわれる。しかし，その後，加速していく学歴社会と受験競争の中で，ペーパー試験の点数に結びつかない道徳の時間はますます教科の補習など，別の用途にあてがわれることも少なくなかった。そうした偏差値中心，知育偏重型教育のゆがみは，1970年代，落ちこぼれ，校内暴力，いじめ，自殺，不登校などの教育荒廃というかたちであらわれてきた。

◆ 平成元年の学習指導要領改訂と「4つの柱」
　1980年代，それまでの教育の在り方に対する反省と刻々と変化する社会に柔軟に対応していくための教育が総理大臣直属の機関として設置された臨時教育審議会において検討された。そこでは，「個性重視」，「生涯学習体系への移行」，「国際化・情報化など変化への対応」という3つの原則をはじめ，道徳教育の強化や教員の資質向上などが，盛り込まれることになった。特に，「個性重視」の原則は，理念そのものは決して否定されるものではないが，個々人の「心」の問題，とりわけその感情の在り方に目を向けさせることばかり強調され，結果的に後に登場する「心の教育」への布石のようなものになってしまったといわざるを得ない。
　そうした方針は，1987（昭和62）年の教育課程審議会答申を経て反映することになり，1989（平成元）年，学習指導要領の改訂が行われた。このとき，道徳教育に関する記載も大きく手が加えられた。中学校では，まず，「総則」に関しては，新たに「生徒が人間としての生き方についての自覚を深める」こと，「豊かな体験を通して内面に根ざした道徳性の育成が図られるよう配慮しなければならないこと」が加えられ，個人における内向的な道徳教育が強められることになった。また，「第3章　道徳」の「第1　目標」では，「生命に対する畏敬の念」や「主体性のある」といった文言が加えられるとともに，「道徳の時間」の目標にあった「道徳的判断力，道徳的心情，道徳的実践意欲」に関し

ても，その順序が「道徳的心情を豊かにし，道徳的判断力を高め，道徳的実践意欲と態度の向上を図る」というように改められ，道徳における知的側面よりも心情的側面，つまり心の側面が強調されるかたちとなった。さらに，「第2内容」に関しては，「小学校」，「中学校」共通に，新たに以下のような4つの柱を設け，すべての項目をそれぞれの視点から再構成すべく，分類整理を行った。

1　主として自分自身に関すること。
2　主として他の人とのかかわりに関すること。
3　主として自然や崇高なものとのかかわりに関すること。
4　主として集団や社会とのかかわりに関すること。

　平成元年に示された，上記のごとき4つの視点は今日に至るまで踏襲されてきており，改訂を重ねるごとに周知徹底されるべき視点として強調されるようになっている。
　しかしながら，これら4つの視点からの区分は，一方で収まりのよさを醸し出しているが，他方で大きな問題点も指摘されるようになってきている。すなわちこれらの区分は，「個性重視」の原則の影響もあってか，最初に「自分自身」という用語によって，人間の存在を閉じたものにし，生活や社会，さらには人間同士の有機的な「つながり」をわざわざ一旦切断したうえで，そこから再びつなぎ合わせるという無機的な構造になっている。その結果，本来ならばさまざまなところと有機的に関連する道徳的価値が，ひとつの視点からしか捉えられないために，ひとつの枠の中に縛られ，有効範囲の狭いものになってしまう。特に，子どもに育成されねばならない基本的な行動様式は，特定なひとつの視点，たとえば「自分自身」だけに収めるものではなく，「他の人とのかかわり」あるいは「集団や社会とのかかわり」，ときには「自然や崇高なものとのかかわり」という「つながり」の中で発揮されるものでもある。これら4つの視点は早く再検討されるべきであったが，そのような動きは道徳教育界ではまったくなかったという指摘である。この指摘はきわめて重要であり，今後，十分に検討する余地のある問題であろう。

2）「心の教育」の提唱と「道徳の時間」の徹底

◆ 平成10年の学習指導要領改訂と「心の教育」

　青少年の犯罪や問題行動などがマスコミはじめ，さまざまな場所で取り上げられるようになると，心理学者だけでなく教育評論家も，その青少年の背後にある生活や社会の状況などに目を向けないで，まさに「個性重視」の名のもとに，頻繁に子どもたちの心の闇などにスポットをあて，心の理解とケアの重要性を指摘するようになった。そのような時代的趨勢を背景に，1998（平成10）年には「心の教育」という言葉を強調するかたちで，学習指導要領の改訂が行われ，このあたりから学校における道徳教育の重視が具体的に目にみえるかたちで強調されるようになっていくのである。

　まず，大きなポイントとしては，それまで「第3章」で「道徳教育の目標」として取りあげられていた内容が，平成10年の改訂では学習指導要領の総則部分に移行され，より強調されるかたちで置かれるようになったという点である。また，その他に，道徳教育の推進にあたっては，道徳教育が「実践」に結びつくよう，「ボランティア活動」や「自然体験活動」といった豊かな体験を充実させ，よりいっそう「生徒の内面に根ざした道徳性の育成に努める」ことが奨励された。さらに，「第3章　道徳」の「第2　内容」に関しては，今日的問題として「規範意識の低下」を特に取りあげ，「法やきまり」の理解，遵守，「自他の権利」の尊重，「義務」の強調，「社会の秩序と規律」を高めることなどに関する指導が重視され，それらに関連した項目が増加した。

◆ 平成20年の学習指導要領の改訂と「道徳の時間」

　2006（平成18）年，「教育基本法」が改正されると，改正教育基本法の趣旨や中央教育審議会の答申などを踏まえ，2008（平成20）年に学習指導要領の改訂が行われた。前回（平成10年）の改訂では，それまで第3章「道徳」の第1「目標」で取り上げられていた内容が「総則」第1の2に引きあげられ強調されたが，今回（平成20年）の改訂ではさらにその冒頭部分に「道徳の時間を要

として学校の教育活動全体を通じて行うもの」という文言が加わり,「要」という表現を用いることによって,「道徳の時間」の道徳教育における中核的な役割や性格が明確にされた。

「学校における道徳教育は,道徳の時間を要として学校の教育活動全体を通じて行うものであり,道徳の時間はもとより,各教科,外国語活動,総合的な学習の時間及び特別活動のそれぞれの特質に応じて,児童の発達の段階を考慮して,適切な指導を行わなければならない。」

また,続く道徳教育の目標の部分では,改正教育基本法を受けて,従来の目標に「伝統と文化を尊重し,それらをはぐくんできたわが国と郷土を愛し」,「公共の精神を尊び」,「他国を尊重し,国際社会の平和と発展や環境の保全に貢献し」という文言が追加された。

「道徳教育は,教育基本法及び学校教育法に定められた教育の根本精神に基づき,人間尊重の精神と生命に対する畏敬の念を家庭,学校,その他社会における具体的な生活の中に生かし,豊かな心をもち,伝統と文化を尊重し,それらをはぐくんできたわが国と郷土を愛し,個性豊かな文化の創造を図るとともに,公共の精神を尊び,民主的な社会及び国家の発展に努め,他国を尊重し,国際社会の平和と発展や環境の保全に貢献し未来を拓く主体性のある日本人を育成するため,その基盤としての道徳性を養うことを目標とする。」

さらに,最後の段落,道徳教育推進上の配慮事項については,人間関係を深めること,家庭や地域社会との連携,豊かな体験活動の充実等について示されているが,今回の改訂によって小学校,中学校,それぞれ次のように改められた。すなわち,小学校においては,「児童が自己の生き方についての考えを深め」という文言が加えられ,児童が健全な自信をもち豊かなかかわりの中で自立心をはぐくみ,自律的に生きようとすることの大切さが示された。また,児童の発達段階や子どもたちを取りまく環境の変化を踏まえ,小学校段階で重視すべき豊かな体験として「集団宿泊活動」が例示に加えられた。さらに,児童の内面に根ざした道徳性の育成に際し,「特に児童が基本的な生活習慣,社会生活上のきまりを身に付け,善悪を判断し,人間としてしてはならないことを

しないこと」への配慮など,「第3章 第3の1(3)」に示す低学年段階の重点が例示され,小学校段階における指導の特色も示された。

「道徳教育を進めるに当たっては,教師と児童及び児童相互の人間関係を深めるとともに,児童が自己の生き方についての考えを深め,家庭や地域社会との連携を図りながら,集団宿泊活動やボランティア活動,自然体験活動などの豊かな体験を通して児童の内面に根ざした道徳性の育成が図られるよう配慮しなければならない。その際,特に児童が基本的な生活習慣,社会生活上のきまりを身に付け,善悪を判断し,人間としてしてはならないことをしないようにすることなどに配慮しなければならない。」

また,中学校においては,中学校段階における道徳教育の特質として道徳的価値に裏打ちされた人間としての生き方についての自覚を深めることが一層明確にされるとともに,「道徳的価値に基づいた」,「職場体験活動」という文言を新たに加え,社会において自立的に生きるために必要とされる力を育てる職場体験活動や道徳実践を充実させ,それらを道徳の時間と関連させることによって,生徒の内面に根ざした道徳性の育成に配慮することが指摘された。さらに,中学校段階において取り組むべき重点として「とくに生徒が自他の生命を尊重し,規律ある生活ができ,自分の将来を考え,法やきまりの意義の理解を深め,主体的に社会の形成に参画し,国際社会に生きる日本人としての自覚を身に付けるように配慮しなければならない」という一文が加えられた。

「道徳教育を進めるに当たっては,教師と生徒及び生徒相互の人間関係を深めるとともに,生徒が道徳的価値に基づいた人間としての生き方についての自覚を深め,家庭や地域社会との連携を図りながら,職場体験活動やボランティア活動,自然体験活動などの豊かな体験を通して生徒の内面に根ざした道徳性の育成が図られるよう配慮しなければならない。その際,特に生徒が自他の生命を尊重し,規律ある生活ができ,自分の将来を考え,法やきまりの意義の理解を深め,主体的に社会の形成に参画し,国際社会に生きる日本人としての自覚を身に付けるようにすることなどに配慮しなければならない」

その他,「第3章 道徳」の「第2 内容」において項目を示す前段冒頭に

「道徳の時間を要として学校の教育活動全体を通じて行う道徳教育の内容は，次の通りとする」という一文が加えられ，各教科等含め学校の教育活動を通じて行われる道徳性育成の指導が，道徳の時間において「補充，深化，統合」されると同時に，道徳の時間で行った指導が学校の教育活動全体に波及し，生かされていくという関係性が明確に示されたほか，「指導計画の作成と内容の取り扱い」において「校長の方針の下に，道徳教育の推進を主に担当する教師（道徳教育推進教師）を中心に」という文言とともに，学校としての一体的な推進体制をつくることの重要性が示された。

なお，道徳教育における目標を達成するための具体的な指導内容項目，ねらいに関しては，平成元年に導入された4つの視点（「主として自分自身に関すること」，「主として他の人とのかかわりに関すること」，「主として自然や崇高なものとのかかわりに関すること」，「主として集団や社会とのかかわりに関すること」）が踏襲されており，それぞれの視点に分類されるかたちで提示されている。そこから垣間みられるのは，前述した問題点だけでなく，1958（昭和33）年の学習指導要領とは異なり，具体的な目標と視点が対応していない問題に対して，何の疑問も抱かれていないという実態である。

さらにいえば，「道徳の時間」における内面的な心的特性を重視する道徳教育の姿勢はまったく変更されていないどころか，むしろ強まる傾向にある。平成10年の中教審答申「新しい時代を拓く心を育てるために―次世代を育てる心を失う危機―」は，その傾向を端的に示している。その表題において，「心」という用語が二度も使われていることはもちろん，その内容においても，当時の子どもたちの多くが道徳の授業を「つまらない」と「感じて」いることから，これまで以上に，「生徒の心に響く」道徳授業を展開すべきことが強調されている。

また，このとき同時に，道徳の授業がつまらないのは「教材」がつまらないからだといった指摘もなされており，その結果，道徳授業の改善はどうしても魅力的な「読み物資料」の発掘と活用にとどまり，「道徳の時間」における「読み物資料」への依存をますます強めてしまったようである。

たとえば，2003（平成15）年，文部科学省によって行われた「道徳教育推進状況調査」をみると，「道徳の時間」で使用する教材としては，2002（平成14）年から全児童生徒に無償配布されている『心のノート』が小学校で97.1％，中学校で90.4％と最も多く，次いで「民間の教材会社で開発・刊行した読み物資料」（いわゆる市販の道徳用副読本）が小学校で81.5％，中学校で70.8％となっている。そのほか，テレビ放送などの映像コンテンツが小学校で66.8％，中学校で66.3％となっているほか，小学校では「文部科学省で開発・刊行した読み物資料」が67.4％，中学校では「新聞記事」が69.6％となっている。「道徳の時間」における使用教材としては「読み物資料」に限らず，さまざまな教材の活用が求められているものの，実際の指導においては，上記のごとくテレビなどの映像コンテンツを除けばそのほとんどが「読み物資料」となっている。とくに2002（平成14）年に全国の小中学校に無償配布された『心のノート』は小学校で97.1％，中学校で90.4％という驚異的な活用率であるが，この冊子に関してはその導入からさまざまな問題点も指摘されており，今日でも議論の的となっている。

3）『心のノート』の作成，配布と問題点の指摘

◆『心のノート』の概要

　2002（平成14）年4月，文部科学省から『心のノート』が，道徳教育のための副教材として全国の小中学校に無償配布された。『心のノート』には，以下の通り，小学校低学年用，中学年用，高学年用，中学校用の4種類がある。

| 小学校低学年 | 小学校中学年 | 小学校高学年 | 中学校 |

文部科学省は，この『心のノート』を配布するにあたり，『心のノート』作成の背景やノートの概要，さらにはノートを活用するにあたっての留意事項等などに関して公式見解を示している。

　まず，文科省の公式見解によると，『心のノート』を作成した経緯は次のようなことになる。すなわち，「生きる力」を育成するためには児童生徒自身の主体的な学習が重要であるにもかかわらず，現在の学校教育ではおおよそ受動的な道徳教育に終始しがちである。また，道徳教育には他の教科のように，教科書が存在していないため，学習内容について保護者や地域社会との共通理解を得ることが困難である。こうした現状を改善すべく，学習者に自覚を促すような教材，学習目的を親や地域の人びとと共有できるような教材として，『心のノート』は作られた。文書にはこのように，作成の経緯を，児童生徒の主体的な学習活動，保護者，地域の人びととの学習目的の共有といった点から説明した上で，ノートの活用方法や留意点などについて，次のような説明を加えている。

① 趣　旨
　児童生徒が道徳的価値について自ら考えるきっかけとなるもの，学校における教育活動全体において活用され，学校と家庭等が連携して児童生徒の道徳性の育成に取り組める。

② 性　格
　自学自習用の冊子であり，自らの心に記録することのできる「生活ノート」的，学校と家庭との「架け橋」的な性格を有する。

③ 各教科等との関連
　「道徳の時間」をはじめ各教科，特別活動及び総合的な学習の時間など，あらゆる時間や場で活用される必要があり，各教科等における道徳教育に『心のノート』をより生かすためにも，「道徳教育の全体計画や道徳の時間の年間指導計画等について，全教職員で共通確認」をしたり，「それぞれの教科等の目標や内容について，道徳教育にかかわる側面や道徳の内容との関連を改めて明確に」したりすることが大切。

④　活用場面
　　学校での「道徳の時間」,「各教科」,「特別活動」,「総合的な学習の時間」,「家庭での話し合いの場」など,一般に広く活用することができる。

⑤　「心のノート」に期待する役割
　　児童生徒に興味・関心を抱かせながら,意欲的に道徳の学習をさせることができる,児童生徒の体験と結びつけながら道徳の学習をさせることができる,教職員全体の共通理解による指導体制づくりや学校と家庭等との連携を促進することができる,指導者が,ねらいにかかわる児童生徒の実態把握や評価に生かすことができる。

⑥　「心のノート」と教科書・副読本との相違
　　『心のノート』は「教科書でもなく,中心的な資料として活用される副読本などに代わるものでもない」ため,『心のノート』のみを用いるのではなく,あくまでも他の教材を補助するものとして活用することが大切。

⑦　『ノート』を活用する際の留意事項
　　教職員や友達,保護者との交流にも活用できるようにする,ノートを活用する際にはプライバシーの保護に十分配慮をする,児童生徒が繰り返し活用するように発達段階を踏まえて活用する。

　以上,上記のごとき経緯説明をみると,学校,保護者,地域社会をはじめ,教師と児童生徒,教職員間など,さまざまな人間関係やコミュニケーションなどが今日,欠如している点を問題視しながら,そうした人間同士のつながりを『心のノート』によって補おうとするかのような発言がみて取れる。この冊子に関しては,さまざまな問題点が指摘されている。

◆『心のノート』に対する問題点の指摘
　『心のノート』の問題点としては,第一に「作成,配布方法」など手続きに関する不透明性や違法性が指摘されている。『心のノート』のような道徳教育用教材を多額の税金を投入して全国の小中学生全員を対象に無償配布していく際の依拠すべき法的根拠が認められないという問題である。十分な説明や議論

の時間ももたないまま正規のルートをふまず，なかば超法規的に作成，配布されている上，配布された『心のノート』は，「道徳の時間」はもとより教科活動，さらにいえば学校だけでなく家庭，地域社会に至るまで，あらゆる場において活用が求められている。それはまるで「修身科」時代における「国定教科書」か「教育勅語」のごとき扱いである，とまで道徳教育の批判者からはいわれてしまっている。『心のノート』の問題点としてはまず，こうした手続き上の問題が指摘されている。

　第二に，「記載内容」についても問題点が指摘されている。たとえば，『心のノート』の記載内容に関しては，「国民精神の涵養」のために作られた「国定修身教科書」との類似性が指摘されている。『心のノート』ではどの学年においても山や海や野の上に広がる青空とその上に浮かぶ雲が描かれているが，それらのページを余白も含めてながめると，「修身」時代に教えられた「肇国神話」，すなわち瓊々杵尊が天孫降臨の際，「雲」に乗って高天原から高千穂の峰に降り立ったという話が想起されるのだという。国定教科書時代には頻繁に「峰から湧きあがる雲」の挿絵が描かれていたこと，とりわけ戦争中は多くの戦争画が戦意高揚のために描かれたが，横山大観らの日本画家が描いた太陽，山，雲なども戦場で勝利する日本軍を描いたものに勝るとも劣らない日本賛美であったことなどが指摘されている。

資料1-6　第5期国定修身教科書

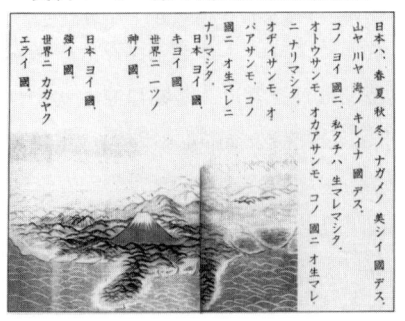

出所）文部省『ヨイコドモ』昭和16年

資料1-7　心のノート

出所）文部科学省『心のノート』2002年

さらに『心のノート』が，子どもの権利条約や多文化共生の視点を欠いた学習指導要領の４つの視点から構成されているあげく，最終的に「国を愛し，その発展を願う」ところで終わっていることから，『心のノート』における道徳教育の最終目標が「愛国心」教育に置かれている点も批判されている。
　そのほかにも，『心のノート』では法律とスポーツのルールが同じであるかのような比喩が用いられていたり，主権者としての意識を喚起することなく，社会の義務や他人の権利を尊重することに重きを置いた説明がみられたりするなど，要するに憲法で保障された主権者として民主主義社会における市民的資質を獲得するための教育とはほど遠い内容となっていることの問題点が指摘されている。
　第三に，『心のノート』には「心理学的手法」が駆使されているという問題点が指摘されている。『心のノート』は制作段階から心理学者が関与しており，随所に心理学的手法が駆使されているという。『心のノート』には匿名的で無人格な存在からの呼びかけにより子どもの心に自己暗示にかけるという巧妙な操作性がみられ，また，前後に答えが暗示されている問いかけに答えを書き込ませることによって，あらかじめ用意された答えを自分で導きだしたように錯覚させ，子どもたちの分析的な判断力，子どもたちの科学的なものの見方や考え方の健全な育成を阻害する。さらに随所にめぐらされた自己チェックシステムにより，道徳の問題をもっぱら個人の意識や心構えに還元し，ともすると主体を具体的な人間や社会から切り離された抽象的個人に還元させてしまう。そしてポジティブな心構えを過度に強調することにより，ネガティブなものを排除し，子どもたちが生きる現実の状況や葛藤から目を背け，問題に立ち向かう力を封じ込めてしまう。『心のノート』にはこのような操作性の問題も指摘されている（巻末資料（8）『心のノート』参照）。
　以上，『心のノート』には，上記のような問題点が指摘されているにもかかわらず，この冊子はさまざまな人たちを結ぶ「架け橋」として，すでに全国の小中学生に無償配布されており多くの場面における活用が期待されている。今日，『心のノート』の効果的な活用法を提唱する事例集も次々と出版されてい

る。

　『心のノート』の活用法についての，実証的な研究とその成果が待たれるところである。

4）道徳教育に対する心理学の影響とその問題点の指摘

　道徳教育に対する心理学の影響は，今日，『心のノート』に限らずさまざまな理論や実践において認められるが，ともすると過度の心理主義に陥る危険性をはらんでおり，今日，そうした心理主義が学校教育の内部に深く浸透していくことに警鐘を鳴らす動きもみられる。とりわけ，教育の手法のみならず，教育の目的に関してまで心理主義が浸透した場合，子どもたちが「現実世界において心の世界の目標を追い求める自閉的なループに入り込んでしまい」，それがひいては未熟な子どもたちの「エゴを肥大化」する危険性があるという。そうなると，子どもたちの意識と関心は「自分の閉じた心の世界」に強く向けられ，「日常の現実世界との『つながり』にあまり向けられなくなってしまう」という。

　近年，心理主義の手法が学習過程の中に組み込まれるようになってきたことに対しては次のような問題点が指摘されている。

　「子どもたちは広く社会に眼を向けるのではなく，外的な日常の社会や関係性と切り離されたかたちで，もっぱら個々人の内側の心的世界，あるいはせいぜい身近なところにいる友人の心的世界に目をむけるように導かれている。その結果，社会集団における教師と子どもたち，あるいは子ども同士の関係性，さらには日常的社会との『つながり』がますます弱められてしまっている。」

　これまで日本の道徳教育の歴史をみてきたが，たとえば，修身科時代における生活綴り方運動がそうであったように，また，戦後の社会科を中心とした教育実践がそうであったように，これまでも道徳教育の在り方に関しては，抽象的あるいは徳目主義的なものではなく，もっと児童生徒の日常，生活現実との関係における活動に目を向けようとする動きや，そうした動きを支持する人たちの声がたびたび上げられてきた。

しかし，そうした生活現実に即した道徳教育の実践は結局，時代的な趨勢に翻弄され，学校教育における主要な実践として根づくところまでは至ってこなかった。今日の道徳教育の動向をみても，先に指摘されていたごとく，心理主義への傾向性がますます強まっていく様相を呈しているように見受けられる。今後は，もっと持続可能な社会との「つながり」あるいは関係性の中で「生きる意味」を見出すことのできるような道徳の創造が目指されるべきであろう。

【主要参考文献】
新井郁男・牧昌見編著『教育学基礎資料』第5版，樹村房，2008年
梅根悟監修『道徳教育史Ⅰ・Ⅱ』（世界教育史体系第39・40巻）講談社，1977年
小沢牧子・長谷川孝編著『「心のノート」を読み解く』かもがわ出版，2003年
海後宗臣『児童観の展開』（近代日本教育論集　第5巻）国土社，1969年
貝塚茂樹監修『社会科と道徳教育』（戦後道徳教育文献資料集　第Ⅱ期）日本図書センター，2004年
唐澤富太郎『教科書の歴史』倉文社，1956年
唐澤富太郎『図説　近代百年の教育』国土社，1967年
国分一太郎『生活綴方とともにⅠ・Ⅱ』（国分一太郎文集5），1984年
梅根悟監修『日本教育史Ⅰ』（世界教育史体系第1巻）講談社，1978年
梅根悟監修『日本教育史Ⅱ』（世界教育史体系第2巻）講談社，1978年
梅根悟監修『日本教育史Ⅲ』（世界教育史体系第3巻）講談社，1978年
小砂丘忠義『私の綴方生活』モナス，1938年
中野光『大正自由教育の研究』黎明書房，1968年
久木幸男・鈴木英一・今野喜清編『日本教育論争史録』第4巻　現代編（下），第一法規，1980年
福田弘『人権意識を高める道徳教育』学事出版，1996年
福田弘編著『道徳教育資料集』IPC出版，2004年
三宅晶子『「心のノート」を考える』岩波ブックレット，2003年
武藤孝典・木原孝博著『生活主義の道徳教育』明治図書，1978年
山田恵吾・貝塚茂樹編『教育史からみる学校・教師・人間像』梓出版，2005年
横須賀薫監修『図説　教育の歴史』河出書房新社，2008年
吉田武男・藤田晃之編著『カウンセリング依存症』明治図書，2007年
寄田啓夫・山中芳和編『日本の教育の歴史と思想』ミネルヴァ書房，2002年
文部省『尋常小學修身書』明治36年

文部省『尋常小學修身書』明治44年
文部省『尋常小學修身書』大正9年
文部省『尋常小學修身書』昭和13年
文部省『初等科修身書』『ヨイコドモ(上)(下)』昭和16年
文部省『中等学校　青年学校　公民教師用書』1946年
文部科学省『学習指導要領』昭和33年告示
文部科学省『学習指導要領』平成元年告示
文部科学省『学習指導要領』平成10年告示
文部科学省『学習指導要領』平成20年告示
文部科学省『心のノート』(小学校低学年用) 文溪堂，2005年
文部科学省『心のノート』(小学校中学年用) 学習研究社，2006年
文部科学省『心のノート』(小学校高学年) 廣済堂あかつき，2002年
文部科学省『心のノート』(中学校用) 廣済堂あかつき，2002年

第Ⅱ章
諸外国の道徳教育とその理論

1．欧米の道徳教育の特徴とその背景

1）イギリス

　イギリスは，イングランド，ウェールズ，スコットランド及び北アイルランドの4つの地域からなる連合王国である。それぞれの地域において特色ある教育制度を持っており，イングランドとウェールズはほぼ同様の学校制度をもっているが，スコットランドは独自の制度を築いている。ここではイギリスの全人口の8割を占めているイングランドの教育を中心にみていくこととする。

　イギリスの学校教育においては，従来，知育に偏らない人間教育が重視されてきた。生活習慣の形成，人間性の育成が学校教育の中心課題とされており，学校教育のあらゆる側面を通じて道徳教育が行われてきたのである。ただし，用語としての「道徳教育（moral education）」は，研究上は使用されるが，制度上は使用されていないようである。

　第二次世界大戦後の学校教育体制を確立した1944年の教育法では，あらゆる公立学校及び私立学校に対し，宗教教育（学校始業時の全校での集団礼拝と必修教科としての宗教教授）を実施することが義務づけられた。宗教教育においては，いわゆる「良心条項」により信教の自由への配慮がなされてはいるものの，長らくイギリスの国教とされていたキリスト教がその中心となってきた。したがって，イギリスにおける道徳教育は，従来，キリスト教を中心とした宗教教

育という形態で行われてきたといえる。

　1960年代後半になると，価値化の多様化により社会が世俗化してきたことをふまえ，宗教教育のあり方が見直されるようになった。聖書中心主義から脱却し，現代社会の子どもたちの生活経験を中心におき，「生徒が自己の信仰や生き方，人生や社会の問題に立ち向かっていく態度などを，できるだけ自由に身につけさせようとする」いわゆるオープンアプローチが展開されるようになったのである。オープンアプローチでは人間関係の諸問題，個人の責任に関する問題，人生の意味に関する問題等が取り扱われた。しかし，オープンアプローチはあくまでも宗教教育の中で道徳教育を行う立場からの動きであり，キリスト教信仰の確立を目指す宗教教育の枠を大きく超えるものとはならなかった。

　1970年代には，宗教教育によらない，世俗的な基盤に立つ道徳教育の試みが登場してくるようになった。こうした試みの先駆的なものとして「ライフライン計画」があげられる。「ライフライン計画」は，イギリス学校評議会の委嘱による道徳教育プロジェクトチーム（代表はオクスフォード大学のピーター・マックフェイル）が，1967年から1972年にかけて調査・研究を通じて開発した中等学校用（11～16歳）の道徳教育カリキュラムである。「ライフライン計画」は学校現場ですぐに使用可能な教材開発を含む実践的な企画であり，その成果は研究報告書（『中等学校における道徳教育』(1972年)），教材（『ひとの身になって』，『きまりを吟味する？』，『あなたならどうしただろうか』），教師用手引（『私たちの学校—中等学校生徒による民主主義の実践についての手引き』）のかたちで刊行されている。

　「ライフライン計画」の目的は，生徒が「思慮深い生き方」，すなわち「他人の欲求，感情，利害関心を考慮しつつ，他人とおり合いよく暮らし，愛し愛されるような生き方」を身につけるのを援助することにある。こうした目的設定の背景には，青少年を対象としたいくつかの意識調査の結果がある。すなわち，「ライフライン計画」では，道徳教育の分野における学校や大人のより積極的な援助を期待する青少年自身の要求をもとに，その目的が設定されているのである。具体的には，生徒自身がもつ現実の欲求や関心をアンケート調査と面接

調査により把握し，そこから道徳教育で目指されるべき要素を導き出そうとする。すなわち，「存在」を出発点とし，そこから「当為」を導き出そうとするのである。またその方法においても，青少年の要求にこたえる道徳教育のための意識的な方策の必要性が強調される。具体的には，生徒自身のもつ関心や問題を調査により把握し，その問題の解決策を，既存の道徳理論や権威，信条，規範体系等によらず，生徒自身に発見させるのである。このように，「ライフライン計画」では，徳目主義的な道徳教育や，いわゆる「教え込み」による方法は避けられているのである。

1980年代以降，子どもの人格及び社会性発達のための教育の総称であるPSE (Personal and Social Education) の理論と実践が注目を浴びるようになってきた。「ソシオ・ドラマ」と呼ばれる役割演技法を用いて観察力及びコミュニケーション能力の育成を目指す，H.デービスを代表とするノッティンガム大学のチームによる「ソーシャル・エデュケーション」のプロジェクトが，後のPSEの元となった実践とされている。PSEには，中等学校においてみられる特設コースとしての狭義のPSEと，学校のエトスや校則，協定方針等に反映される哲学，特設教科等カリキュラムの一部，教授・学習スタイル，ガイダンス・プログラムの他，課外クラブ活動や宿泊体験等の計画的体験，学校における人間関係等の非計画的体験を含む広義のPSEとがある。PSEのカリキュラム理論は，子どもが成人として生きていく上で必要とする知識やスキルの習得及び人格的資質と態度の育成を目指している。その内容については7つの自己（セルフ），すなわち身体的自己，性的自己，社会的自己，職業的自己，道徳的／政治的自己，学習者としての自己，組織における自己に関係する領域を含む個人的でオープンエンドなものとされている。これに伴い，学習の場も，教科外のインフォーマルな場面を含む学校全体であるとされている。

1988年教育改革法により，必修10教科からなる「全国共通カリキュラム」(National Curriculum : NC) が国として初めての教育課程基準として導入された。これにより，学校は全国共通カリキュラムに示される教科の他，全国共通カリキュラム以外に指導が義務づけられている内容及び学校独自の教育活動の

3つの要素からなる教育課程を編成することとなった。宗教教育については，「宗教教授」から「宗教教育」に用語が変わり，全国共通カリキュラム以外の指導すべき内容に位置づけられた。またこれ以外にも道徳教育に関連するものとして，性教育（1993年教育法），公民（citizenship education：2000年教育法，2002年より中等学校において必修）が追加された。また PSE は，健康教育を含め，新たに PSHE（Personal, Social and Health Education：「人格・社会性の発達及び健康教育」）と称することとなった。PSHE は，NC 以外の必修である性教育や進路指導（careers education）の他，薬物教育を取り扱う教科とされる場合もある。

2）ドイツ

ドイツの初等中等教育制度は，前期中等教育の段階から能力や適正に応じて基幹学校（卒業後に就職して職業訓練を受けるものが主として進学：5年制），実科学校（卒業後に職業教育学校に進む者や中級の職に就く者が主として進学：6年制），ギムナジウム（大学進学希望者が主として進学：2004年より8年制）の三種の学校に分化する，いわゆる三分岐型学校制度を基本としている。ただし，ドイツは16の州で構成される連邦国家であり，それぞれの州が教育監督官庁を有し，独自に教育課程基準を設定している。したがって，1964年のハンブルク協定により連邦全体における教育制度に関する基本的枠組みについて各州の間で協定が締結されているものの，教育制度は各州によって若干の違いがみられる。教育目標についても，各州で原則的なところでは一致しているが，それぞれの州の歴史的・政治的事情等により若干の違いがある。

ドイツでは従来，道徳や宗教に関わる教育は人間教育の中核として重視されてきた。1949年に制定された「ドイツ連邦共和国基本法」（以下「基本法」と略す）では，第7条に「宗教教授は，公立学校においては，非宗派学校を除き，正規の教科である」と規定されている。旧西ドイツの学校教育において，宗教教育は，重要な位置を占めてきた。他方，旧東ドイツにおいては，従来，宗教が学校から追いやられ，社会主義的教育理念に従って，政治教育や世界観教育

が行われてきたが，東西ドイツ統一後は，ブランデンブルクを除くすべての州で「宗教教授」が正課として導入され，同時に「宗教教授」の代替科目ないし選択科目として「倫理科」等の科目が用意されている。

なお「基本法」第7条では「宗教教授は，宗教団体の教義に従って行うが，国の監督権を妨げてはならない」と規定されている。この他にも，ドイツの各州では，道徳教育の内容にまで踏み込んだ規定がみられるが，つまりそこには，道徳教育に関しては個々人に完全に任されるべきものではなく，国家や社会も大きな責任と役割をもつべきものである，という考え方が横たわっているのである。とはいえ，「基本法」第4条で基本的人権としての信仰・良心・信条の自由は保障されている。また「基本法」第7条では，「教育権者は児童の『宗教教授』参加を決定する権利を有する」として，子どもが14歳未満の場合には宗教教育場面での親の権利が保障されている。同様に，14歳以上の子どもに対しては，自分の信仰する宗派の宗教教育を受ける権利や一切の宗教教育を拒絶する権利も認められている。さらに教師についても，「基本法」第7条により，「いかなる教師も，その意思に反して『宗教教授』を行う義務を負わされてはならない」とされ，その信教の自由が保障されている。

「宗教教授」では，単にカトリック・プロテスタント両派のキリスト教だけではなく，他の宗教をも包括するものと解釈されている。宗派ごとの「宗教教授」を通常教科目のひとつとして準備する州もあれば，ユダヤ教の「宗教教授」を行う学校や，選択教科の中に母語教育の一環としてイスラム教教育を組み込んでいる州も存在する。このほか宗教・宗派を超えた「宗教教授」の試みもみられる。たとえばハンブルクでは，公立学校においては「宗教教授」を行わないとするカトリック教会の決定に基づき，「全ての生徒のための宗教教授」という教育が試行されてきた。これは，プロテスタント系の「宗教教授」の時間に，多様な宗教を信仰する子どもたちや無宗教の子どもたちが一緒に宗教について学ぶというものである。

また，子どもたちがさまざまな異なる宗教的背景をもつようになり，また現代社会の宗教的多元主義の中で生きていく必要が生じている現状に鑑み，いく

つかの州では，多宗教的学習のための共同教授モデルが実行されている。たとえばドイツプロテスタント教会は，プロテスタント，カトリック，ユダヤ教，イスラム教の「宗教教授」及び学校における倫理・哲学の「教科群」を準備することを提案している。さらに，1970年代頃から，複合的多元社会化が進む中で青少年の宗教離れが進み，「宗教教授」を受けない生徒が急増し，道徳教育上の危機感が高まった。この現象を受け，新たに世俗的，哲学的，倫理学的基盤に立つ道徳教育が設置されることになった。たとえば1973年にバイエルン州で，「宗教教授」を受けない者，及び無宗教・無宗派の者全員に課せられる必修教科として「倫理科」が設置されている。ブランデンブルクでは新しい統合教科として「生活形成－倫理－宗教科」の試行が開始された。これは，異なる文化，人生観，生活様式，世界観，宗教間の共存の問題に解決を提供することを目指し，共生を学ぶための教科であり，一種の「生活科」として全生徒に必修とされている。

　以上のような動向はあるものの，ドイツでは，基本的には，この正規の教科としての「宗教教授」が，社会科や国語科と並んでそのまま道徳教育の役割も果たしてきた。1970年代から，「宗教教授」においてキリスト教的な素材の学習を通して，一般的な道徳教育上の諸問題を取り上げる傾向がみられるようになってきた。具体的には，宗教的な絵画や彫刻，さらには教会や神聖な場所の訪問を織り交ぜながら，聖書の内容や教会史や信仰論などが指導される。こうしたキリスト教的な素材を取り上げる過程において，一般的な道徳教育上のテーマ，たとえばハンブルクの学習指導要領では，宗教教授において「人生の意味」，「真理」，「価値」，「責任ある行動のための規範」等が取り上げられる。

　この他，方法論においても問題解決学習的な方法が積極的に取り入れられる傾向にあるようである。「宗教教授」における道徳教育は，価値伝達を中心とする伝統的な道徳教育である。これに対して，プロジェクトメソッドの道徳教育的価値が再発見され，学校で特別活動の一部として導入されたり，学校での生活経験そのものを道徳教育の内容とし，民主主義を直接的に学習する道徳教育なども提唱され，一部の学校で実践されたりしている。また，「価値の明確

化」や「道徳教育への認知発達的接近」などの理論による道徳教育の実践も普及しているようである。

3）フランス

　フランスでは，早くからライシテ（政教分離）の精神が貫かれており，学校は一切の宗教教育を行わないことが学習指導要領にも明記されている。学校はもっぱら民主主義理念の伝授を大きな目標として掲げており，宗教的な領域に関しては，家庭や宗教団体による私立学校などの私教育に一任している。

　ただし，民主主義理念の伝授としての道徳教育といったとき，その内実は必ずしも一貫したものとして継承されてきたわけではない。その目指すところの価値も時代とともに変貌を遂げてきている。それは，たとえば，学校における道徳教育の名称の変化にもあらわれている。

　まず，第三共和制のもと，ジュール・フェリーらの共和主義者の政府が，カテキズムの宗教教育に代わって，世俗的道徳教育を公立学校に設置したばかりの頃は，「instruction morale et civique（道徳・公民教育）」という名称が付されていた。そこではそれぞれ，道徳の内容として個人的モラルが，公民の内容として市民的モラルが想定されていた。しかし，その後まもなく，時代的な趨勢の中で道徳的な内容は棄却され，公民的な内容に一本化される形となった。つまり，フランスにおける道徳・公民教育はもっぱら共和主義的祖国愛の教育に特化した科目となっていったのである。

　それに対し，1940年に誕生したヴィシー政権は，共和主義的な価値観を嫌い，「人権宣言」を否定，「宗教教育」を復活させた。しかし，それも戦後になると，よりデモクラティックな精神，市民の権利と義務や社会的，政治的，法制的知識が重んじられるようになり，また，個人主義的価値観の強まった戦後のフランスにはもはや「共通の価値の教授」は概して敬遠されがちなものとなった。そのため，1977年には名称も「éducation civique et morale（公民・道徳教育）」に改められることとなった。要するに，それまでの主知主義的な，いわゆる「知の伝達」を意味する「instruction」ではなく，「訓育」を意味する

「éducation」が積極的に使われるかたちとなったのである。

　こうして，戦後しばらくは，どの領域も道徳・公民に関与するという名目で，いわゆる「全面主義」方針が続き，決まった授業時間数や内容も提示されないまま，公民・道徳教育は有名無実化していったわけであるが，1985年の教育課程改訂では，それらが理念的に一新され，再び第三共和制型公民教育を意識した編成が組まれることとなった。いわば原点回帰的な大旋回とも評される公民教育の刷新によって，フランスは改めて共和国的市民としての「集合意識（conscience collective）」，そして「連帯心（solidalité）」を養う「市民形成」を学校の中に復活させたのである。こうして，フランスの公民・道徳教育は再び独立「教科」として扱われ，独自の教育内容，教科書，指導書，副読本を編纂するものとなった。なお，このときの名称は初等教育で「éducation civique」が，前期中等教育で「instruction civique」が使われており，このことからも，この時期の公民・道徳教育が初等教育段階でより訓育的な内容に重きを置いた市民形成が，前期中等教育段階でより知育的な内容に重きを置いた市民形成が企図されていたことが分かる。

　もっとも，1985年以降の市民形成は，その内実としては，19世紀の愛国心教育を全面復活させたものではなく，「開かれた愛国心」の教育，具体的には，小学校からリセにわたる学校教育の全体で，特に公民教育の授業を通して，人種偏見，人種差別の撲滅と撤廃を貫徹するための教育，「人権教育（enseignment aux droits de l'homme）」を目指した内容に変化している。

　今日，フランスにおいては，一方で個人主義的価値観からの脱却，「共通の社会的価値（valeurs socials communes）」の必要性が認識されているものの，他方において，今日の時代的状況ではデュルケムが「集合意識」といったような「共通の社会的価値」はもはや受容され難い側面を有しているということを自覚しているため，向かうべき価値の方向性としても，単純な共和主義的祖国愛ではなく「ナショナルな次元を超えた普遍的な価値」に強い社会的コンセンサスが寄せられている。そして，今日，フランス社会においてそのような価値をもつものとして受容されているのが「人間の権利（droits de l'homme）」つま

り「人権」なのである。

　なお，今日のフランス社会における上記のごとき人権教育は，世俗的教育を受容していかなければならない宗教団体立の私立学校が目指そうとしている人間教育の実践と今後ますます接近していく様相を呈している。

　フランスでは「ドブレ法（Loi debré）」が1996年に制定されて以降，国と宗教団体立の私立学校との間に和解が生じ，双方に歩み寄りの姿勢がみられるようになってきている。ただし，このドブレ法は「国との協同契約あるいは単純契約の締結によって，国が私立学校に勤務する教員の給与等を支給する」ことを定めた法であるため，必然的に国から経済的支援をうけた学校は国と契約を結ぶことによって，それまで享受し得ていた自由を一部放棄せざるを得ない状態となる。中でも，宗教団体立の私立学校は国と契約を結ぶことによって，教育課程の中に宗教という科目を設置することを禁止されてしまうため，この法案は「宗教団体立私立学校」の責任者にとって諸刃の剣であり，数十年間，多くの研究と討議が積み重ねられてきたという経緯もある。

　こうした問題に取り組む中で，たとえばフランス人の9割が信仰の対象としているとされるカトリックの私立学校では，最終的に「真理の探究への提言」という文書を作成し，現代社会におけるカトリック学校の存在意義を明確にし，他の学校と一線を画する特徴を見出すきっかけを提示することに成功した。とくに，今日，フランス社会において共通の価値とされている人権教育に関して，キリスト者の道徳が「愛（アガペ）」を基本原理とするものであり，それゆえ，カトリック学校における道徳教育がこの神との「かかわり」を基盤にしながら，人類の連帯性の意識を育成するものであるゆえに，公民教育・道徳教育にも深く関係していく可能性のあることを強調する。

　以上のごとく，フランスでは長期にわたりライシテ（政教分離）の観点から，公教育と私教育の間には大きな境界線が設けられてきたが，今日，公教育で共通の価値として支持されている人権教育と，主にカトリック系の学校によって提唱されている人類の連帯性の意識形成とが大きな流れの中で統合されていくかのごとき様相を呈しており，今後，長期にわたりライシテを貫いてきたフラ

ンスにおける公民・道徳教育と宗教団体立の私立学校における宗教教育との差異性がどのように担保されるのか，その動向に注目したいところである。

4）アメリカ

　アメリカでは，教育は州の専管事項とされ，特に初等中等教育については学区と呼ばれる行政単位が州の下に設けられており，ここに多くの権限が委譲され，初等中等教育行政を専門的に担うことになっている。小学校から統合制ハイスクールへとつながる12年間の初等中等教育の期間及び単線型の教育制度は全国共通となっている。しかし，義務教育の年限や進学・修了要件，初等中等教育の12年間の区切り等は州あるいは学区によって異なる。初等中等学校の教育課程に関する全国的，統一的基準は存在せず，教育課程の基準については州及び学区の責任事項となっている。1990年代に入ってからは，アイオワ州を除くすべての州で，各教科の指導内容や知識・技能に関する到達基準等を示した「教育スタンダード」の開発・策定が進められているが，その名称を含め，規定の内容・仕方は州によって多様である。教育目標についても，合衆国憲法及び他の連邦法には規定はなく，州あるいは学区レベルで，州教育法等で定められる。道徳教育についても，アメリカの公立学校では，わが国の「道徳の時間」のような道徳教育のための特別の教科や時間は設けられておらず，あくまでもそれは学校の教育活動全体を通じて行われることになっている。とりわけ，教科の中では社会科の果たす役割が大きいとされている。

　アメリカでも，かつてはヨーロッパ諸国と同様，宗教教育によって道徳教育を行うのが大前提となっていた。特に，植民地時代の学校教育では，東北部のニュー・イングランドの地方や中北部の地方をはじめとして，宗教による道徳教育は教育内容の重要な位置を占めていた。17世紀，イギリスのピューリタンの一部が，そこにピューリタンの天国を作るべくアメリカ大陸を目指し，マサチューセッツ湾に上陸，コロニーを建設した。そこで，すべての子どもを神の子にふさわしい信仰と道徳にまで育てるための義務無償あるいは非義務無償の民衆学校制度を創出した。アメリカの教育制度の端緒がこのようなものであっ

たことをふまえるならば，宗教，すなわちキリスト教の重視は，当然のことといえる。今日でもキリスト教は，アメリカ社会に広く浸透し，人びとの考え方や日常的な道徳の基盤をなしている。とりわけ，隣人愛，ボランティア，相互扶助などの思想が重要な道徳となっている。

　しかし，時代の進展にしたがって，学校教育，特に公立学校における教育では，宗教的な色彩は弱められるようになった。宗教的政治形態から市民的政治形態への脱皮が徐々に進行し，国教会の支配が崩壊し，人びとが宗教的強制から解放されるようになるとともに，学校に対する宗教的熱狂も影を潜めるようになった。道徳教育の重点が宗教的敬虔から市民的英知に移行してきたのである。いわゆる教育の世俗化が始まり，法規の面では，宗教と教育の分離が求められた。それによって，宗派的な宗教教育は学校教育から完全に排除されるようになった。この点はすべての州に共通する大原則である。

　1960年代に入ると，ベトナム戦争による社会不安，人種差別問題，宗教問題や性の解放などにより，価値の多様化が進むと同時に，価値の対立や混乱が生じてきた。1961年に始まったアメリカのベトナムへの直接的な軍事介入は，1969年にピークを迎え，1975年のサイゴン陥落で一応の幕を閉じる。この間，1968年にベトナムのソンミ村でのアメリカ軍による住民虐殺事件が報道され，反戦平和運動が大きな盛り上がりをみせた。大量のベトナム民衆とアメリカ兵の犠牲者を出しながらも混迷泥沼化するばかりの状況に対して，この戦争の意味が大きく問われることになった。ベトナム戦争の経験は，政府への不信や批判にとどまらず，アメリカ国民が絶対のものと信じてきたアメリカ的価値や生活様式への疑念や否定の動きを引き起こすこととなった。また，アメリカ南部の人種差別と隔離政策に抵抗する，いわゆる公民権運動もほぼ同時期に広範な展開を見せるにいたる。その中で，「結果の平等」を迫る動きはやがて黒人以外の少数民族や女性の平等的扱い，伝統的偏見や束縛からの解放を求める運動へと発展し，さらには既存のすべての価値に対する懐疑や，体制の変革を求める社会運動へとエスカレートしていった。

　こうした状況の中，「教え込み」と呼ばれる伝統的な道徳教育に限界を感じ

る教師が増えてきた。そこへ登場したのが「価値の明確化」である。「価値の明確化」とは，客観的に正しいと称せられる価値の内容を教え込むのではなく，各自にとっての主観的な価値を明確化するための過程を援助するという方法論である。さらに1970年代になると，自ら定式化した文化・社会的に普遍的に妥当する公正推論の発達段階論を基盤としたコールバーグの道徳教育論，とりわけモラル・ジレンマ・ディスカッションが注目を浴びるようになる。これは，道徳的に葛藤を生じさせる資料についての討論をクラスで行うことによって，子どもに道徳的葛藤の経験と他者役割取得の機会を与え，それにより子どもの発達段階の上昇をねらうものである。両者はいずれも，子どもの自発性・主体性を尊重して活動意欲を引き起こすことを重視する，進歩主義の流れをくむものといえる。

　しかし，1990年代に入ると，これらのアプローチでは教師の指導性を発揮できないこと，基本的な道徳的価値の内容の直接的な教授が行えないこと，そして必ずしも道徳的行動に結びつかないことなどの批判が現場からわき起こり，子どもの行動を明確に方向付ける即効性ある教育を求める気運が高まってきた。こうした世論の高まりを受け，1990年代初頭から，子どもに対し民主主義社会に普遍的な価値内容を直接的に教授する必要を説くキャラクター・エデュケーション（人格教育，品性教育，品格教育）が広く普及し始める。キャラクター・エデュケーションの代表的な人物リコーナは従来の読み・書き・算の3R'sに尊重（respect）と責任（responsibility）の第四，第五のＲを加えて，これらを実践的に身につけさせる価値教育の総合的アプローチを提唱した。この他にも，さまざまな手法をもってキャラクター・エデュケーションが実施されているが，現在では，10代の妊婦の健康と栄養，親業教育，ドラッグ防止などの活動を行ってきた団体や，子どもの地域社会への貢献及び奉仕活動を通じた学習を行うサービス・ラーニングなど，別の文脈から生起し展開してきた教育実践の運動との結びつきを強め，総体として子どものコミュニティへの奉仕活動の参加を促す方向に収斂しつつあるようである。

5）ヨーロッパ評議会

　ヨーロッパ評議会は，ヨーロッパ大陸のほぼ全ての地域にある47ヵ国が加盟している国際的政治機関であり，1949年に国連で「世界人権宣言」が採択された直後に，人権，民主主義及び法の支配の実現のために加盟国間の協調を拡大することを目的として設立された。その発足当初から，ヨーロッパ評議会では「世界人権宣言」の理念の条約化に着手しており，1950年には世界最初の地域的国際人権条約である「ヨーロッパ人権宣言」を成立させている。この条約はヨーロッパ人権委員会，ヨーロッパ人権裁判所及び閣僚委員会からなる人権擁護機構をもち，今日まで国際的規模における人権の実現と擁護に成果を上げてきた。ヨーロッパ評議会の加盟国は現在EU全加盟国，南東欧諸国，ロシア，トルコ，NIS諸国の一部の47ヵ国であるが，この他に，非ヨーロッパ諸国でヨーロッパ評議会の理念に賛同し，オブザーバー資格の加盟国に認められている国が5ヵ国ある。日本もそのうちのひとつであり，1996年に，アメリカ，カナダ，メキシコ，バチカンと並んで3番目のオブザーバー国に認められた。

　ヨーロッパ評議会は，さまざまな人権促進プログラムを進めてきたが，その一環である人権教育においても早期から重要な役割を果たしてきた。「世界人権宣言」30周年にあたる1978年には，画期的な「人権教育に関する決議」を採択した。この決議は，「あらゆる個人が，可能な限り早期に，人権ならびにこれにともなう責任に気づくようになるべきであり，また，その結果，真の民主主義社会にとっての特徴である人権や基本的自由に関する教育を促進することが必要である」と認め，加盟国が「時刻の教育制度に応じて，学校教育，教員養成，ならびに教員の現職教育のカリキュラムの中に，人権と基本的自由に関する教育を適切に位置づける」ことを求めている。この決議に基づき，ヨーロッパ評議会は初等中等学校における人権教育を具体的に促進するための理論的・実践的研究を重ねていった。1983年には「西ヨーロッパ諸国の学校における人権教育に関するシンポジウム」をウィーンにて開催，1985年には「人権教育に関する勧告」を採択している。

1990年代から，旧東ヨーロッパの国々を含めた新しいヨーロッパ建設が進められる中で，青少年を対象とする人権教育の重要性があらためて認識され，「ヨーロッパ人権宣言」50周年にあたる2000年には，ヨーロッパ評議会青少年・スポーツ理事会により人権教育青少年プログラムが開始された。この事業においては，1995年に設立されたヨーロッパ青少年センター・ブダペストが中心となり，電子メール及びインターネットによる全世界からの公募に基づいて構成された専門家グループにより綿密な研究討議が進められた。その成果を踏まえて2001年に刊行されたのが，人権教育のための総合的マニュアルである *Compass—A Manual on Human Rights Education with Young People* である。この本は，刊行以来次々にヨーロッパ評議会加盟国の国語に翻訳され，2009年6月現在で，日本語版（『人権教育のためのコンパス〔羅針盤〕学校教育・生涯学習で使える総合マニュアル』）を含め25ヵ国語版が刊行されている他，さらに9ヵ国語版が刊行される予定である。2007年には，高校生〜一般成人を対象とする『コンパス』を小学生や中学生に対する人権教育でも適用できるようにしてほしいという要望の高まりを受け，ヨーロッパ青少年センター・ブダペストにより *Compasito—Manual on human rights education for children*（日本語訳『コンパシート〔羅針盤〕子どもを対象とする人権教育総合マニュアル』）が出版された。

　『コンパス』及び『コンパシート』の柱はいずれもアクティビティであり，さまざまな人権問題に取り組み，人権の大切さに気づき，じっくり考え，自他の人権を尊重できるように学習者を動機づけ，支援するための具体的なアイデアや実践的なアクティビティが提供されている。ここでは学習者の積極的な参加と取り組みが重視されているが，これは学習者自身が人権教育のリソースである，という考え方によるものである。また，人権教育に携わる教師や指導者に対して，人権教育に関する基礎的理論や基礎的知識，情報等も提供されている。たとえば，『コンパス』の章構成をみると次のようになっている。「第１章：人権教育とコンパス」では，人権教育の定義や目的，他の教育分野との関連の他，『コンパス』の活用法の紹介から構成されている。「第２章：人権教育の

ための49の実践的アクティビティと方法」では，さまざまなレベルの複雑さをもち，子ども，市民権，民主主義，差別と外国人に対する偏見などさまざまなテーマにわたる形態の異なる諸権利に取り組むための49種類のアクティビティが紹介されている。「第3章：行動を起こすこと」では，行動の必要性を説くとともに，人権の促進にいっそう積極的に取り組もうとする人びとのためのアイデアやアドバイスが提示されている。「第4章：人権に関する参考情報」では，人権の歴史や国際人権文書など，人権と国際的基準及び人権文書に関する根本的な情報が提示されている。「第5章：グローバルなテーマに関する基礎情報」では，環境，教育，グローバル化，男女平等，貧困など，テーマに関わる補足的な説明がなされている。なお，『コンパシート』も5つの章から構成されており，その章構成は「第1章：人権入門」，「第2章：人権教育とは何でしょう？」，「第3章：『コンパシート』の使用方法」，「第4章：アクティビティ」，「第5章：テーマ」となっている。

2．欧米の道徳教育理論の特徴とその背景

1）デュルケム

19世紀フランスにおいて，実証的客観的な世界観に立ち，社会学を構築したデュルケム（Émile Durkheim, 1858-1917）は，教育の分野においても宗教によらない道徳教育の必要性と可能性を説き，世俗的道徳教育の確立を目指した。その成果は『道徳教育論』（L'Éducation Morale）においてまとめられている。

デュルケムが活躍した19世紀のフランスは，公教育における宗教の分離が制度的に確立していく過渡期であり，「宗教的ドグマや戒律によって権威づけられぬ道徳教育は可能であるか」という問題が人びとの大きな関心事となっていた。宗教によらない道徳教育の必要性はフランス革命期から既に説かれていたが，公教育における宗教的中立が制度的に確立されるべく本格的に動き出したのは第三共和政期（1870-1940）に入ってからのことである。

宗教は長きに渡り人間の人格形成の基盤として教育に深く関係してきており，それらを完全に否定するということは即ち人間における道徳性の喪失を意味することでもあった。そのため，イギリスやドイツではフランスと同じく近代的教育制度を早くから確立しながらも，しばらくは学校における道徳教育を宗教科に委ねていた。

　それに対し，フランスは他国に先駆けて公教育と宗教の分離という大改革に着手しており，その意味で当時のフランスにおける教育改革はまったく先駆的で，他に例を見ない試みであった。それはひとつ間違えれば本来の道徳的要素までも失いかねない危険な取り組みでもあった。デュルケムが道徳教育論を説いたのはこのような時代背景と問題意識からであり，それゆえ，彼はまず，宗教に代わる新たな合理的道徳概念を見出すことに取り組んだ。

　デュルケムは宗教的内奥にかくされている道徳的実在を得るべく，道徳をひとつの事実として観察し，その本質的要素を3つ取り出し，分析している。

◆ 道徳性の第一要素―規律の精神―

　デュルケムはまず，道徳の領域が義務の領域であることを確認し，人間の行為に規則性を与えることが道徳の根本機能である点を強調する。しかし，規則とは本来，個人の外部に存在するものであるため，われわれは他者から与えられるひとつの命令ないしは命令的忠告として捉えない限り，それを認識することはできない。そのため，規則の概念の中には規則性のほかに，その行為をわれわれに命ずるところの権威の概念が含有されていなければならない。ただし，その権威は物的，精神的な懲罰を逃れたり，褒章を得るものであったりしてはならず，もっぱら道徳律がまとっている権威でなければならない。道徳律に対する尊敬だけが服従する唯一の理由でなければならないのである。したがって，あらゆる規則は命令し，とりわけ道徳の規則は，まさに命令そのものであって，命令以外の何物でもないといわなければならない。道徳は単なる習慣の体系ではなく命令の体系なのである。

　かくして，道徳生活の根底には道徳性の感覚と道徳的権威の感覚が存在すべ

きことが論証されたわけであるが，デュルケムによれば，これら2つの側面は相互に密接に関連しあうものであり，それらを総括する単一のより複雑な概念，すなわち「規律の概念」によって統一されるものである。以上のごとく，デュルケムはまず，道徳性の第一要素として「規律の精神」をあげている。

なお，デュルケムによれば，「規律」はわれわれに苦痛をもたらすところの枷ではない。あらかじめ社会における自己の行動様式が確立されていることによってその場における適切な反応形式を際限なく考察しなければならない煩雑さから個人を解放してくれるほか，個人の幸福と道徳的健全性に寄与してくれる。道徳的規律は，内部の衝動に駆られて欲望のおもむくままに振る舞うことではなく，努力をもって行動することをわれわれに教えてくれる。それは人間の本生を悪とみるがゆえに苦行的概念ではなく，全体なるものの一部として存在している人間が正当な満足を享受するための制限だというのである。

◆ 道徳性の第二要素—社会集団への愛着—

続いて，デュルケムはそのような規定に適う行為をわれわれに実行させるところの性向について考察を加えていく。まず，デュルケムはまったく個人的な目的を追求する行為が何らの道徳的価値をもたないことを指摘する。デュルケムによれば，もっぱら個人的利益にのみ関心を置いた行為は人びとのうちに何ら道徳的な感動を呼び起こしはしないし，過去と現在を問わず，行為者の個人的な利益を目指し，個人的な行為をもって道徳的とみなした国民もひとつとして存在しない。デュルケムはそのように述べて，道徳の規則によって命令される行為はすべて，非個人的な目的を追求するという共通の性格を有していることを強調する。

ただし，この非個人的な目的を追求するというとき，それは必ずしも完全な利他主義を意味するものではない。もし，行為者の目的が完全に他人の利益にのみ置かれるとしたら，何故，自分自身にとって道徳的価値をもたなかった行為が他人にとって道徳的価値をもつのか，同じ人間である他人の方が自分自身より尊重されなければならない理由は何か，説明困難なものとなる。また，こ

うした慈善が達成されるためには，誰かが他人の自己放棄を受け入れなければならず，特定の行為者のみに限定された美徳となってしまう。そもそも，道徳とは万人に実行されるものでなければならないため，そうした個人間の献身的行為としての自己放棄の中に道徳的行為の典型を認めることはできない。

　以上のことから，道徳的行為における非個人的な目的とは，行為者一個人の目的でも複数個人の目的でもないところものもの，すなわち，個人以外の他のもの，超個人的なものを志向しているということになる。デュルケムによれば，それは「神」か「社会」であるが，神は科学の領域の外であるがゆえに，それは人間集団としての「社会」に求められることとなる。デュルケムはそのように述べ，われわれは社会的存在である範囲においてのみ道徳的存在であり得ることを確認する。そして，道徳性の第二要素として「社会集団への愛着」をあげるのである。

　なお，デュルケムがここで人間集団として想定しているのは，家族，国家，人類であるが，これらはすべて，他の集団を排斥することなく相補完的に重なり合うものと捉えられている。とりわけ，国家は最も高度な組織構造を有する人間集団とされており，抽象的にすぎる人類と個人に近すぎる家族の上位に位置付けられている。ただし，デュルケムの説く国家とはその活動を外部に向けさせるがゆえに排他的，侵略的な傾向性をもつような類のものではなく，もっぱら国家内部を志向し，社会内部の生活改善を目指すものであるがゆえに協力的，平和的な傾向性をもつような類のものである。また，それは，人間の人間に対する愛着を前提とするがゆえに，必然的に個人への愛着を意味するものとも考えられている。

◆ 道徳性の第三要素―意志の自律性―

　さらに，デュルケムは人間の人格を神聖なものとする考え方を道徳における唯一無二の基本原理であると捉え，いかなる場合も，たとえ道徳的権威の名においてすら，一定のものの考え方を強制的に押し付けてはならず，われわれの理性は，みずから自発的に真実として認めたものだけを真実として受け入れる

べきであることを強調する。

　しかしながら，他方において，道徳法則は先に述べたごとく命令的性格を強く有するものであるため，意志の自律性を担保しようとすれば，二律背反に陥る。そうした，道徳における命令的性格と自律性との整合性をいかに捉えるべきか。この問いに対して，デュルケムは「道徳を理解する知性」という観念によってそれを説明しようとする。

　すなわち，デュルケムは，自然科学が完全なものではないことを認識しつつ，それでも，われわれが科学の発達に即応して，外界の事物を把握し，理解することによって，それだけ事物から解放されていくのもまた事実であり，むしろ，われわれが事物から解放されていく術はそれ以外にないのだから，道徳的秩序においても同様の自律性が存在するはずだと結論するのである。

　デュルケムによれば，個人は個人たる限りでは自らの意志によって創造しえなかった道徳的秩序を，科学によって捉えることができる。道徳法則はまず，教育によって外部から児童に与えられ，しかもそれがもつ権威によって彼の上に強制される。そこでは児童は外部から与えられるまま，受動的に道徳規則に服従するわけであるが，他方において，われわれは，その性質を探究し，その直接，間接の条件や存在理由を知ることができる。つまり，道徳の科学を作ることができるのである。この道徳科学が完成されたときこそ，われわれの他律性は終わりをつげ，道徳世界の主となり，それらを自らの自由意思によって受け入れることができるようになるのである。デュルケムはそのように述べ，道徳性の第三要素として「意志の自律性」をあげている。そして，そのような意志の自律性のために必要なものとして「道徳を理解する知性」を重視するのである。

　以上，デュルケムは道徳性に関するさまざまな要素について，上記のごとく説明したあとで，それらの要素をいかにしたら子どもたちの内部に形作り発展させていくことができるかという方法論上の問題を論じていく。デュルケムはまず，道徳的に振る舞うこと，すなわち一時的な衝動や偶然の誘惑に屈するこ

とのない一定不変の原理に従って，首尾一貫した行動をとることを学ぶ規律の精神の育成という観点から，義務という名の学校に学ぶ必要性のあることを指摘する。また，デュルケムは学校を，祖国を認識し，これを愛することを児童に対して系統的に教えることのできる唯一の道徳的環境でもあり，当時フランスの道徳的陶冶において最も重要な枠割を演ずる場としても重視する。さらに，デュルケムは先に述べたごとく，意志の自律性が道徳における命令的性格と矛盾しないためには道徳の本質を理解する知性を準備することが不可欠であり，完全な道徳教育は道徳の授業を必要とするものと捉えていた。デュルケムは，子どもたちの所属する諸社会がいかなるものか，それはどのように形成され発展するのか，またそれらの社会は個人といかなる関係にあるのか，そうした内容を子どもたちに教師が教えることは小学校においてすら必要なことだとしている。デュルケムのこうした考え方は，公教育における宗教的中立性の問題はもちろん，道徳教育の教科化論などが議論されている今日のわが国における道徳授業の存在意義を考える上でも示唆的なものといえるだろう。

2）ピアジェ

20世紀スイスにおいて，発生的認識学を提唱し，その後の発達段階説に基づく教育論などに大きな影響を及ぼしたピアジェ（Jean Piajet, 1896-1980）は，デュルケムの道徳教育論について，それが科学的な世界観に立ち，自由で自律的な人格を形成するための教育法を描こうとしたものであったという点において一定の評価を下しているものの，それが子どもの発達特性に関する心理学的なデータを無視して論じられたものであるがゆえに，結局は教師や成人一般の権威を前提とした口頭的方法という古典的な道徳教育論におさまってしまっているという問題点のあることを指摘している。

そもそも，ピアジェが活躍した19世紀末から20世紀にかけての教育界では，教師や教授プログラムを軸として展開される伝統的な教育方法が子どもたち自身による主体的な学びの機会を奪ってきたとして批判を受け，それにとってかわる新しい教育学，つまり子どもたちの人格を尊重し，子どもに合わせた教育

学を創造することが熱望されていた。

　ピアジェがジャン＝ジャック・ルソー研究所（1912年ジュネーヴに創立。教育学と心理学の研究で有名なセンター）に来た1921年には，新教育国際連盟が創設されているが，そこで重視されていたのは「子どもに物質に対する精神の勝利を準備させること，その人格（paersonalité）を尊重し発達させること，その品性（charactére）を形成させること，身体的な（manuel）作業と自由に受け入れられた個人的規律の組織化を通して，子どもの心を知的，芸術的，社会的な興味の中心に開かせること」など，要するに「未来の市民を養成すること」であった。生徒を受動的な受容者として考えるのではなく，自らの興味と欲求に導かれて自分の認識を構築する個人として考えるということ，それこそが新教育の課題であった。

　新教育の支持者たちは基本的に活動主義的な立場にたっている。活動はつねに要求によって引き起こされるため，学校が生徒に学習の欲求を作り出すことができているか否かということは，活動主義的な立場をとる者たちにとっては重要な関心事であった。それゆえ，当時，活動主義的学校の支持者たちの多くが，子どもたちの自然的傾向を科学的に把握し，彼らに適した教育方法を開発することを望んでおり，そうした子どもたちの自然的傾向を把握するためにも心理学に訴える必要性があると感じていた。

　ピアジェもまた，活動主義的な教育を支持する立場にたっており，彼がデュルケムの道徳教育論を批判し，子どもの発達特性を踏まえた道徳教育論を展開したのも，上記のような社会的背景と問題意識からであった。そこで以下，ピアジェが明らかにした子どもの道徳性の発達理論からみていくことにしたい。なお，子どもの道徳性発達に関するピアジェの論考は『子どもの道徳的判断（*Le jugement moral chez l'enfant*）』にまとめられている。

　ピアジェはまず，子どもにおける道徳性発達の研究を「規則」の認識を分析することから始めている。ピアジェによれば道徳の問題はただ情動的で本能的な性向だけではなく，正誤の判断を含んだ問題であり，そのような判断は規則が存在してはじめて可能になる。また，「規則」は個人的な心理プロセスと他

者あるいは社会とをつなげる接点にあると考えられ，したがって道徳性を捉えていく上で重要だというのである。ピアジェが規則に関する子どもの知識や用い方，認識を調べるために着目したのは，マーブル・ゲーム（日本の石投げに似た遊び）と呼ばれる子どもたちのよくやる遊びであった。

　最初の段階では，子どもは自分の思うままにマーブルと遊び，そこには一般的なマーブル・ゲームの規則はみられない。一緒に遊んでいる子どもと何らかのやりとりをするわけでもない。それゆえ，この段階における行為はまだ道徳性と関係があるとはいえない。ただし，この段階でも，たとえばマーブルを何度も落としたり，埋めたりする行為を反復するなど，規則に向かう認識の萌芽をみて取ることはできる。また，この段階ではほかに，単に個人的な行為だけではなく，外界との相互関係の中から生じてくるような行為を，数多く確認することもできる。もっとも，それらはまだ義務的なものとはなっておらず，その行為をしなければならないといった拘束感を子どもの中に確認することはできない。そのような拘束感や義務感が生じてくるのは，子どもが大人の示した規則に従おうとしたときからである。

　規則段階の第二段階に入ると，子どもは大人や年長者の真似をしたり，規則通りにふるまおうとしたりし始める。この段階に入ると，規則は子どもにとって，もはやそのとおりにしなければならない義務的なもの，子どもの行動を拘束するものとなる。ところで，子どもたちがこのような「真似」をするようになるのは，ピアジェによれば，子どもの中に大人に対する「一方的尊敬」の念が生じるからである。つまり，子どもは大人を尊敬しているため，大人が示す規則を絶対的なもの，神聖にして犯すべからざるものと捉えるのだという。ただし，一方でこの段階の子どもは自己中心的な思考も有しており，それゆえ，尊敬する大人が示す規則に従うといっても，実際に規則を用いる場合は自分自身を中心に据えて行う。したがって，この段階では規則を破ることもあり，完全とはいえない。しかし，それでもこの段階における認識は，個人とは独立した規則に従おうとしている点，一方的なものであるにせよ他者に対する尊敬から生じた行為である点において，第一段階のそれよりも，より社会的になって

いるとみることができる。

　さらに，第三段階に入ると，ただ規則に従うのではなく，相互に理解し合おうとする願望が強くみられるようになってくる。第二段階では，規則を絶対なものと捉える認識は，子どもから大人への一方的尊敬から生じていたが，第三段階に入ると，それらは仲間同士の「相互の尊敬」から生じるようになってくる。この相互関係が成立するためには，お互いが「自己中心性」から自由になり，「他者」の立場で思考できなければならない。それゆえ，このような認識の変化が生じるとき，規則は絶対的で神聖な犯すべからざるものであるといった捉え方ではなくなり，相互に尊敬し合い，協同的行為を行っている集団における成員の合意があれば修正可能なものだと考えるようになる。かくして，この段階における規則の認識は，他律的でも拘束的でもなくなり，それは協同的で自律的，極めて合理的なものとなるのである。

　以上，ピアジェは子どもが規則を受け入れていく過程について調査した結果，子どもの道徳性発達には，「一方的（unilatéral）尊敬」と「相互的（mutuel）尊敬」の２種類が共存しているという知見を獲得した。前者は，年少者から年長者へ，子どもから大人へ，後輩から先輩へ向かうもので，尊敬する人物と尊敬される人物の不平等を前提とするものであるため，「強制的（contrainte）関係」を含意する。それに対して，後者は個々人が平等に尊重し合い，相互に尊敬の念を示すものであるため，そこにはいかなる強制も含まれず，「協力的（coopération）関係」を有する。ピアジェはそのように述べて，後者のような協力が，ルールのある遊びや，「自治（self-government）」，質のよい討論における子どもや青少年の関係にとって最も重要な要素となっていることを指摘する。

　また，ピアジェはこうした２種類の道徳が子どもだけでなく，大人においても同様に見出されるという。ピアジェによれば，他律的で一方的尊敬の道徳には命令と禁止（タブー）の道徳が対応しており，そうした道徳は長老たちに具現化される「慣習」の尊重があらゆるものに優越する「未開（primitive）」社

会に固有なものである。それに対して，協力の道徳は「文明化された(civilisé)」連帯の典型から生じた比較的最近のものである。

以上，こうした2つの道徳に関するピアジェの論考は，単なる道徳教育における方法論上の示唆としてではなく，彼の教育観，つまり教育すべき内容やその教育を通じて伝えられる価値観に対するピアジェの考えの表れとして捉えられるべきであろう。すなわち，それは権威による一方的尊敬を，自律的意志による相互的尊敬と取り換えることによって民主主義の本質を理解させることであり，協同の道徳を教えることであった。冒頭に述べたごとく，ピアジェは活動主義的な学校を積極的に評価していたが，それは子どもがお互い対等な立場にたち，外的な拘束によらず，自らの自由意思によって多くの活動をすることができるからであり，彼は活動主義的な学校だけが教室で協同と民主主義を実現することができると確信していたからである。

3）デューイ

デューイ（John Dewey, 1859-1952）はアメリカの哲学者・教育学者である。デューイは，その生涯において多くの著作や論文を残し，哲学及び教育学の分野における代表的指導者となった。またデューイは，わが国の，とりわけ戦後の学校教育にも大きな影響を与えた人物である。

デューイの生まれ育った19世紀後半のアメリカは，南北戦争後，未占有地の豊かさ，封建的伝統の希薄さ，経済的後進性などの基礎条件をもつアメリカの資本主義発展の時代，アメリカにおける産業革命が花開いた時代である。特に，デューイが若き日を過ごした中部新開地では，鉄道の敷設，工場の建設，都市の出現，農業の機械化などが進展し，活況を呈していた。

当時のアメリカの思想界では，ピューリタニズム，観念論，進化論等が盛んであったが，デューイはパース，ジェイムズらとともに，アメリカ人の生活様式として日常生活の中で実践されてきたプラグマティズムを，哲学的論理的に体系化していった。プラグマティズムは文化的変動の意味づけと文化的葛藤の解決を，在来の伝統的信念によらず，科学的・実験的研究によって行おうとす

るものであるが，デューイは，このような実験を社会的に保障するものとして民主主義を重視し，その擁護と発展に尽くしたのである。

またデューイは，教育学の体系化を試みた代表者でもあった。教育界においては，アメリカの公教育制度が1830年から1880年にかけて確立された。しかし，その教育内容や教育方法は，ヨーロッパ式の教育が重視されるなど伝統的水準にとどまり，形式的機械的なものになってしまっており，革命的ともいえる産業革命後の巨大で動態的な社会変動に対応できるものではなかった。こうした状況の中，デューイは1880年代から始まった新教育運動に着目し，子どもの自己活動や，子どもの発達の内面的法則を重視し自発的活動を教育の基本にすえるこれらの新教育運動の理論的整備を行った。デューイは，伝統的教育の特色である学習者の受動性，教科内容や教育方法の画一性を批判し，社会変動に対応する教育の改革に取り組んでいくのである。

道徳教育及び倫理学に関して，デューイは初期のミシガン大学時代から高い関心を示しており，『民主主義の倫理』（1888年）から『民主主義と教育』（1916年）まで，20数年にわたって精力的に多くの著作を発表している。とりわけ，教育学の実践的社会的意義を初めて体系的に論述した『教育の基礎となる倫理的原理』（1897年）は，従来の道徳教育論を根本的に覆して当時の世論に大きな衝撃を与えたといわれる，この分野における代表的な著作である。道徳教育に関して，デューイはこれらの著作を通じて，倫理的理想としての民主主義，道徳的原理の社会的側面と心理的側面，社会共同体としての学校観，社会の一員としての子ども観，徳目を教える「道徳教科」への批判，そして道徳教育の究極目的である「組織された社会的作用能力」としての性格の形成等について論じている。

◆ 倫理的理想としての民主主義

デューイにとって，民主主義とは生涯にわたる思想的課題であり，価値基準のモデルであった。デューイによれば，民主主義は単なる政治形態ではなく，諸個人の道徳的・精神的な結合形式であり，共同の経験に参加しながら各人の

諸能力を発展させる生活様式である。そこでは，人格が最初にして最後の実存であり，人格の社会的実現の方法としての教育論が必然的に要請される。デューイの民主主義は，人間性への信頼に依拠する倫理的理想であるのと同時に，個々の社会成員のすべての能力の発達を意味する道徳的理想の有効な具現でもある。

◆ 道徳的原理の社会的側面と心理的側面

　人間の行為に関わる道徳は，特別の分野に属するのではなく，すべての生活活動に結びついており，それゆえに道徳的原理は普遍的でなければならない。しかし，それは社会的側面と心理的側面から明らかにされるべきであるとデューイはいう。デューイによれば，社会は諸個人の社会であり，個人はつねに社会的個人である。したがって，同一の行為の過程も，社会全体の中で何をもたらすかという観点，すなわち行為の社会的要求やそれと関連する目的・価値・内容・結果の観点と，それに関係している個々人についての観点，すなわち行為の様式・方法・手段・過程の側からの観点との両方から，総合的に捉えて考察されねばならない。ゆえに，「学校内の生活」と「学校外の生活」を別個のものとして，それぞれのための倫理的原理を考えるようなことはしてはならないのである。

◆ 社会共同体としての学校論

　上述したように，学校の基底にある倫理的原理は，実社会のそれとは別個であってはならない。デューイによれば，学校は，社会の生活を維持し福祉を増進するための特定の機能を営むために，社会によって設立された制度であり，学校の道徳的責任は社会に対する責任である。それゆえに，学校を，すべての共同社会生活の基本原理を典型的に反映し，組織するような社会共同体として捉えねばならない。また，こうした「萌芽的な縮図共同社会学校」としての学校観を教授方法と教材の両方へ適用しなければならない。学校の社会的な仕事を選挙権に関することや遵法態度など形式的な内容に限定してはならないので

ある。

◆ 社会の一員としての子ども観

　子どもは社会の一員であり，単なる未熟な投票者でもなければ，法律の従順な遵奉者でもない。デューイによれば，子どもはひとつの有機的全体であって，身体的にも知的社会的道徳的にも統合された存在である。したがって，社会の一員としての子どもを教育するには，その社会の要求や課題，社会的要求に対する子どもの関係を考慮しなければならない。民主的で進歩的社会であり，巨大な産業的商業的発展の渦中にあって生活の諸条件が絶えず変化しているアメリカ社会では，従順性だけでなく指導性が，そして自己指導や他者指導の能力，管理能力，責任の能力が必要とされるのである。こうした社会生活への参加の思想からはなれ，子どもの生活をめぐる諸関係の総体的システムから分離して，よき市民をつくる特定の教科があると考えたり，知育と徳育とを二元的に分離したりすることは，デューイによって拒否されている。

◆ 徳目を教える「道徳教科」への批判

　デューイによれば，真に人間を動かして行為に駆り立てる究極の道徳的な動機や諸力は，決して形式的作為的なものではなく，社会的な関心や目的に役立つようにはたらく社会的知性や社会的能力，すなわち社会的状況を観察し理解する能力と訓練された統制能力以外の何ものでもない。しかるに，従来の道徳教育は，学校を実社会から分離し，道徳を共同社会生活の現実的諸条件や活動諸力と結び付けることなく，抽象的徳目を説教したり，規則による取り締まりを行ったりしてきた。また多くの訓育指導は規則に拘泥して形式的恣意的であって，リアリティに欠けていた。デューイは，このような従来の道徳教育の考え方や道徳教育のあり方に対して，あまりにも偏狭で，形式的であり，かつ病的でさえあると厳しく批判している。

◆「組織された社会的作用能力」としての性格の形成―道徳教育の究極目的

　先にみてきたように，デューイは，道徳的原理を社会的側面と心理的側面の両方から総合的に捉えて考察されねばならないものとした。ここまで一貫して道徳的原理の社会的側面が強調されてきたが，一定の道徳的理想が実現されるのは，道徳の行為者としての児童を通してである。そこで，児童の活動，欲求，動機，関心などの心理的側面についての究明が必要となるが，一般にこの心理的側面は性格の問題として捉えることができる。ゆえに，この性格の形成こそが道徳教育の究極目的であるといえよう。デューイによると，性格とは，組織された社会的作用能力を意味し，それは社会的洞察力あるいは知性，社会的実行力，そして社会的関心あるいは感受性から成り立つ。すなわち，性格とは実行力，知的判断力，情緒的感受性の三契機の有機的統合であり，道徳教育においては，これら三契機の教育的可能性を高めなければならない。初めに実行力について，積極的自主的持続的な実行力をもった性格を発達させられるのは，児童が自発的な本能や衝動を生かし，能動的な構成力を働かせて，独自な結果を達成するに十分な機会を与えられた場合のみである。次に知的判断力について，諸価値を比較・識別・選択する能力としての判断力を養成するためには，児童が絶えず判断を形成し，それをテストする機会，あるいは自分で選択し，一定の基準に照らして識別するのに必要な諸条件を学校が提供しなければならない。このゆえに，作業，構成，探求の諸活動が重要とされるのである。最後に情緒的感受性について，感受性に富んだ性格を形成することができるのは，共同社会生活の中で児童相互の自由な交流，及び教師と児童との協働関係が発展する機会を用意し，豊かな美的情緒的感応を保障する場合のみである。

　以上のように，デューイは道徳を特別の領域や形式の問題によることなく，あくまでも生活そのもののあり方の問題として捉え，子どもたちの従事する活動の知的社会的意味を実験的に把握させることによって道徳性を発達させようとした。そしてそのために，学校は共同社会生活の条件をそなえ，ひとつの社会的目標をもち，典型的な社会的状況の素材を活用するような連続的活動を導

入して，地域社会の日常生活へ参加する社会的センターとなり，社会生活へ有効に参加する能力を発達させる必要があるとされたのである。

4）ラス，ハーミン，サイモン

　1960年代から1970年代にかけて，急速な科学技術の進歩やアメリカと諸外国間の政治的・経済的関係の上に起こった変化など，アメリカ社会は激しい変動の波にさらされていた。特にベトナム戦争がもたらした影響は大きく，アメリカ社会における伝統的な価値の絶対性が揺らぎ，諸価値をめぐる混乱と対立が深刻化していた。このような社会情勢の中にあって，子どもたちが自分で価値の混乱の中をうまく切り抜けることができるように援助するにはどうすればよいのか，という課題意識のもとに提唱されたのが，ラス（Louis E. Raths, 1900-1978）らによる「価値の明確化（Values Clarification）」の理論と実践である。

　「価値の明確化」は，子どもの生活経験を重視しながら，経験に根ざす主観的価値を，子どもが他人（教師を含む）とのかかわりの中で自己吟味し，熟考し，より高い価値に向かって自覚的に明確化する，主体的な価値選択の過程（「価値づけの過程（valuing process）」）を重視する立場をとる。「価値の明確化」において，価値は，それを形成し，吟味する経験と絶えず関連するものと捉えられている。また，いかなる個人にとっても，価値は厳重かつ固定的な真理などではなく，一定の環境において人生のスタイルを作り上げようとすることの結果であると考えられている。

　ラスらは価値を，選択すること，尊重すること，行為することの3つの過程に基づくものと考えており，以下の3つの過程と7つの基準として定式化している。

- 選択すること：① 自由に
　　　　　　　　② 選択肢の中から
　　　　　　　　③ 各々の選択肢の結果についての十分な考慮の後で
- 尊重すること：④ 大切に，その選択に幸福感を抱きつつ

　　　　　　　　　　⑤　その選択を進んで他の人に対して肯定できるくらいに
・行為すること：⑥　その選択を行うこと
　　　　　　　　　⑦　人生のあるパターンになるまで繰り返し行うこと
　これらの過程は「価値づけの過程」と呼ばれており，これらの過程がひとまとまりで価値づけを定義している。この価値づけの過程の結果が価値と呼ばれる。
　しかしながら，すべてのものが価値であるわけではないし，またその必要もない。われわれは価値づけの過程で示された7つの基準のすべてを満たしているとはいえないようなものもまたもっている。そして，価値はしばしばそのようなものの中から育ってくるものである。このような，価値に向かってはいるが，7つの基準のすべてを満たしているわけではないようなものを，ラスらは価値の指標（values indicators）と呼んでいる。価値の指標としては，目的，願望，態度，興味，感情，信念と確信，活動，困惑・問題・障害などがあげられている。子どもが，これら価値の指標を，価値づけの過程の7つの基準のすべてが通用するレベルにまで高めるよう働きかけ，それを援助することが価値の明確化における教育者の役割となる。具体的な援助の方法として，対話による方法，書くことによる方法，討議による方法などが紹介されており，価値のシートと呼ばれる教材も開発されている。
　このように，独特の価値理解に基づき，「価値の明確化」では価値の内容そのものではなく，個人が価値を獲得するために用いられる過程に着目する。「価値の明確化」は，価値中立主義という立場での道徳教育を模索していた教師たちに強くアピールすることとなり，多くの教師が「価値の明確化」に興味をもち，その実践を試みた。しかしながら，「価値の明確化」に対する批判もまた多く寄せられた。特に「価値の明確化」の根底にある価値相対主義そのものの限界が指摘された。たとえば，子どもが熟慮の末に，カンニングを是認し実行する，という結論を出した場合に，教師にはそれをとめる手段がないのではないか，という問題があげられる。しかし，この点に関連しては，ラス自身も，さまざまな理由のために，ある特別な選択肢を子どもに選んで欲しくな

いときには，これは選択の範囲に入っていないとためらうことなく伝えるべきであると述べている。また，子どもをだまして，自分は自由な行為主体だと思い込ませておいて，後になって子どもの選択を拒否し，落胆させたりしてはならず，ある選択を拒否するときには，大人や教師ははっきり力強く伝えるべきである。さもなければ，大人や教師は子どもの信頼を損なうことになってしまう，とも述べている。

つまるところ，ラスらの主張の趣旨は，子どものどんな選択でも尊重すべきだ，ということではなく，子どもが本当の選択の自由を必要としていること，強要された選択など選択ではないし，脅しや賄賂を使って吹き込まれた選択から価値が生まれることはないことを認識すべきだ，ということにある。教師はなぜ自分の役割を子どもの心の中にものを詰め込むことに限定しなければならないのか。子どもが自分の心の中にすでに存在している混乱の中から何かを取り出し，それを取り除き，それを見つめ，それを吟味し，好転させてそこからある秩序を作り出していくのを援助することにこそ教師の役割があると考えることはできないのか。現在のアメリカでは「価値の明確化」は失敗であったとされているが，ラスらの主著には傾聴するに値する部分もあるのではないだろうか。

5）コールバーグ

ハーバード大学の教授であり，同大学の道徳教育センター所長も務めたコールバーグ（Lawrence Kohlberg, 1927-1987）の道徳教育論は，前出のラスらの「価値の明確化」とほぼ同時期に登場した。1960年代から1980年代にかけて，道徳性発達についての研究は，アメリカ内外ともにコールバーグの理論を中心に展開してきたといってよいだろう。ラスらと同じく，コールバーグもまた，1960年代から1970年代にかけてのアメリカにおける諸価値の混乱と対立にどう対処すべきかを課題としている。さらにコールバーグは，アメリカにおける伝統的な道徳教育の方法である価値の教化（inculcation）に対して，これが教え込み（indoctrination）に陥っているとして批判的な立場を取る。この点におい

ても両者は共通している。しかしその一方でコールバーグは，ラスらは倫理相対主義に陥っているために，価値をめぐる問題への対処法としては「価値の明確化」の理論と方法もまた不十分であるとする。かくしてコールバーグは，教え込みからも自由であり，かつ倫理相対主義からも自由であるような道徳教育の建設を試みたのである。

コールバーグの道徳教育論には複数の側面が含まれるが，おおよそ次の3つの側面があげられる。これはコールバーグの研究の進展とほぼ対応する。
(1) 道徳判断の発達段階論
(2) 道徳的ジレンマについてのモラル・ディスカッション
(3) ジャスト・コミュニティ・アプローチ

道徳判断の発達段階論は，いわばコールバーグによる道徳性の定義であり，かつ道徳教育の目的を規定するものでもある。コールバーグは，ピアジェの認知発達理論を批判的に継承し，実証性を保証するために，世界各地で被験者の継続的追跡調査を行った。こうした横断的・縦断的研究に基づき，コールバーグは，子どもの道徳的思考にみられる形式上の特徴的な違いを取り上げた場合，そこにはある共通の側面（カテゴリー）がみられる，つまり，子どもがいかなる判断を下したか，またいかにして判断を下したかに着目すると，そこには共通性がみられるとし，これらのカテゴリーを一定の順序性をもった段階としてとらえ，以下のような三水準六段階に定式化した。

Ⅰ 前慣習的水準
　〔段階1〕罰と従順志向（他律的な道徳）
　〔段階2〕道具的相対主義（素朴な自己本位）志向
Ⅱ 慣習的水準
　〔段階3〕他者への同調，あるいは「良い子」志向
　〔段階4〕法と秩序志向
Ⅲ 脱慣習的水準
　〔段階5〕社会的契約，法律尊重，及び個人の権利志向
　〔段階6〕普遍的な倫理的原則（良心または原理への）志向

発達段階は順序として連続性をもち，より上位の段階はより下位の段階を包摂する。また発達段階は文化的制約を超えて普遍的であるとされている。
　コールバーグによれば，道徳性発達は個体と環境との相互作用を通じた認知構造の再構成による，より安定的な均衡な状態への移行であるとされる。すなわち，人間は環境との相互作用の中で，道徳的な価値について生じる不均衡を自分なりに均衡化しようとし，その結果，より高次の認知的構造を獲得するものであるという。道徳性の発達においては，認知能力の発達と並んで，役割取得の能力が基礎となる。この役割取得の中身は，具体的な他者，抽象的な他者，社会，国家，人類などであり，段階が上昇するほど抽象的・普遍的になる。意図的に子どもの道徳性の発達を促すためには，道徳的価値が不均衡であるような状態に子どもをおくこと，役割取得の機会を与えることが必要となる。そのための方法として，コールバーグは，道徳的葛藤場面の描かれた資料を用いて，ソクラテス式の討論を行う授業を展開することを提唱した。代表的なジレンマとして「ハインツのジレンマ」がある。

　　ヨーロッパで，ある婦人が病気で死にかかっていました。医者は，彼女を救うにはただ一種の薬しかないと言いました。この薬は，同じ町に住んでいる人によって発見されていました。それを作るのに200ドルもかからなかったのに，2,000ドルの値をつけていました。この病人の夫，ハインツは，薬を買うために金を借りようとし，知人を何人もたずねましたが，必要な金の半分しか借りられませんでした。この人は，薬を作った人に，妻が死にかけているので，薬を安く売ってくれるか，後払いにしてくれるように頼みましたが，作った人は「いいえ，私は金をもうけるために薬を作っているのだ」と言いました。そこで，ハインツは，店に押し入り，薬を盗みました。
　　ハインツは，薬を盗むべきだったのですか。なぜ，そうすべきだったのですか。

　このような，盗むべきか盗まざるべきかを容易に判断しがたく，子どもに葛藤を引き起こさせるような教材を用いて，子どもたちにディスカッションをさせる。その際，主人公の取るべき行為ではなく，なぜそうすべきか，という理由づけの方に焦点が当てられる。ディスカッションがオープンエンドとなるのもそのためである。こうしたディスカッションを通じて，道徳的葛藤の経験と

他者役割取得の機会を提供することによって，子どもの道徳性の発達を促進することを目指すのである。ディスカッションにおける教師の役割は援助者であり，ディスカッションはあくまでも子ども中心で行われる。教師の発言は基本的にはディスカッションの促進や子どもの思考を刺激するために行われるのであり，権威的にある見解を子どもに押しつけるようなことがあってはならないとされる。

「価値の明確化」と同様，この道徳的ジレンマについてのモラル・ディスカッションも教師たちの注目を集めたが，子どもを巡る問題状況がより深刻化していく中で，より直接的に子どもの行動の変容を求める教師たちにとっては，その期待に十分に応えるものとはならなかったようである。後にコールバーグは，従来重視していた判断の形式の側面ばかりではなく，その内容や子どもたちの実際の行動に焦点を当て，心情面も含む全面的な道徳性の育成へと研究の力点を移行していった。コールバーグは，子どもを取り巻く環境にも着目し，道徳性を発達させるためには，学校がまず道徳的でなければならないとし，そのための方法を提唱した。これが学校を教師と生徒による直接民主主義による自治組織として再構成しようとするジャスト・コミュニティ・アプローチである。実践としてのジャスト・コミュニティ・アプローチについては，この取り組みを実践するために設立されたジャスト・コミュニティ・スクールのうち，1990年代になって運営されているものは数校にすぎず，成功したとはいえない。しかし，学校の道徳的雰囲気を高めるために，学校そのものを正義と慈愛によるコミュニティとして再構成しようとするその理念や試みは，今なお探求するに値するものであるといえよう。

6）リコーナ

上述の，ラスらによる「価値の明確化」やコールバーグの道徳教育論は，1960年代から1970年代にかけてアメリカで隆盛を誇ったが，1990年代に入る頃になると，それが失敗した単なる流行であったと批判されるようになる。こうした批判を行った代表的な人物としてボストン・カレッジのウィリアム・キル

パトリック（William Kilpatrick）があげられる。キルパトリックは「価値の明確化」やコールバーグの道徳教育論などを「自己決定」の方法と呼び，その方法が，子どもたちの道徳性を希薄化したにすぎず，大きな害をもたらす可能性をもった時代遅れの方法であると痛烈に批判している。そして「自己決定」の方法にかわり，「本流」，すなわち道徳教育におけるキャラクター・エデュケーションに立ち返るべきだと主張する。こうした主張の背景のひとつには，青少年の道徳的衰退と否定的行動の増大に対する危機感がある。たとえば，1940～1950年代に教師たちが問題にしていた規律の問題は，おしゃべり，ガムを噛む，廊下を走る，列の割り込み，不適切な衣服の着用，ゴミを屑かごに入れないなどであった。しかし1980年代に教師たちが問題にしているのは，麻薬，飲酒，妊娠，自殺，レイプ，窃盗，暴行などである。すなわち，青少年の問題行動が深刻化しており，もはや子どもの自己判断にまかせてはおけない，という雰囲気が高まってきたのである。

　かくして，キャラクター・エデュケーションは，ひとつの教育運動として1990年以降急速にアメリカに普及していく。しかし，その中身についての人びとの基本的理解は必ずしも十分ではなく，単なる「古き良き伝統」への回帰にすぎないもの，すなわち宗教的保守の立場による教え込みに近い価値教育も少なくなかった。そのような中で，コールバーグの道徳教育論などをいたずらに批判するのではなく，学ぶべきところは学びながら，学校のあらゆる教育活動，あらゆる場面を通じて，子どものトータルな道徳性の育成に焦点を当てて取り組む，総合的なアプローチを提唱しているのが，ニューヨーク州立大学コートランド校で「第四と第五のＲのためのセンター」を主宰している，トーマス・リコーナである。

　リコーナによれば，キャラクター・エデュケーションとは，徳（virtue：善の実践）を意図的に教えることである。徳は，賢明，正直，親切，勤勉，自己修養などのように，客観的に存在し，人間にとって善とされる特質であり，時代によって変化しないものである。善き人格とは，よりよく徳をそなえた人格のことであり，より充実した徳を身につければ，それだけわれわれの人格はよ

り強いものになっていく。人生の課題とは，各人の人格を育成することにあり，人格を育成することは，何が正しいことであり，何が善いことであるかを学び，自分の良心や行動を高い水準の徳に適合させることを学ぶ歩みである。

徳には道徳知識，道徳心情，道徳行為の3つの要素があり，それぞれ頭（head：認知），心（heart：情），手（hand：行動）に対応している（3Hの徳育と呼ばれる）。教師は，生徒に徳とは何かを教え，その重要性を正しく理解するように援助し，徳を身につけたいという希望を抱かせ，毎日の生活で徳を実行するように促さなければならない。また，徳は単なる思考ではなく，徳のある行為を行うことによって形成される習慣である。そこで，より善い人格にふさわしい行為を，生徒が繰り返し実行できるように支援しなければならない。したがって，キャラクター・エデュケーションとは，学校全体の努力によって，徳をそなえた学校コミュニティを形成することであり，そのために学校生活のあらゆる側面を通して人格の成長を促す教育プログラムを用意する必要がある。

このように，リコーナは学校の教育活動全体の中で展開していく総合的なアプローチを提唱した。リコーナは，総合的アプローチについて，以下の12の指針をあげながら，実践例を踏まえて具体的な方法を示している。

(1) 教師は人間尊重の精神の実践者であり，子どもたちの模範となるべきこと。
(2) 学級を道徳性豊かなコミュニティにすること。
(3) 学級に道徳に基づく規律をうち立てること。
(4) 学級に民主的な環境を整えること。
(5) すべての教育カリキュラムを通じて道徳的価値を教えること。
(6) 学習を協力的，協同的なやり方ですすめること。
(7) 学問を学ぶことに対する真摯な態度を育成すること。
(8) 道徳問題について思考を深めさせること。
(9) 人間関係の葛藤を公平に，暴力によらず解決する方法を学ばせること。
(10) 人間尊重の心を教室の外にまで広げること。
(11) 学校の中に望ましい道徳的な雰囲気を育成すること。
(12) 価値教育のパートナーとして親や地域を巻き込むこと。

これらのうち，前者の9つは教室を基盤としたものであり，後者の3つは学校全体を基盤としたものである。上述のとおり，リコーナは，コールバーグの道徳教育論などを単に批判するのではなく，必要な要素についてはそれを自らのアプローチに積極的に取り入れている。たとえば12の指針のうち「(4) 学級に民主的な環境を整えること」では，共同での意志決定に生徒が定期的に参加することが提案されているが，これはコールバーグが提唱するジャスト・コミュニティ・アプローチに通ずるものがある。リコーナは，学校で教えるべき徳として民主的な徳，すなわち，個人の権利の尊重，共通善への配慮，理性的な会話，正しい手続きの尊重，意見の違いに対する寛容さ，公共生活への自発的な参加を構想している。この点が，単なる「古き良き伝統」への回帰を志向する他のキャラクター・エデュケーションと一線を画し，またコールバーグらの「自己決定」の方法とのある程度の親和性を用いる所以かもしれない。

【主要参考文献】
荒木紀幸『道徳教育はこうすればおもしろい―コールバーグ理論とその実践―』北大路書房，1988年
石堂常世代表『フランスの道徳・公民教育　論文集』早稲田大学教育学部，1991年
梅根悟監修『道徳教育史Ⅰ』（世界教育史体系第38巻）講談社，1976年
手塚武彦「フランスにおける市民教育と道徳教育」国立教育研究所内道徳教育研究会編『道徳教育の現状と動向―世界と日本―』ぎょうせい，1982年
上寺久雄監修，山口彦之編『「新しい道徳教育」への提言―「人格教育」をどう進めるか―』世界日報社，2000年
L.コールバーグ（岩佐信道訳）『道徳性の発達と道徳教育』広池学園出版部，1987年
小寺正一・藤永芳純編『三訂　道徳教育を学ぶ人のために』世界思想社，2009年
田浦武雄『デューイとその時代』玉川大学出版部，1984年
デュルケム（麻生誠・山村健訳）『道徳教育論1・2』明治図書，1964年
トーマス・リコーナ（水野修次郎監訳・編）『人格の教育―新しい徳の教え方学び方』北樹出版，2001年
トニー・ディヴァイン，ジュンホ・ソク，アンドリュー・ウィルソン編（上寺久雄監訳）『「人格教育」のすすめ』コスモトゥーワン，2003年

日本道徳性心理学研究会編著『道徳性心理学』北大路書房，1992年

ピアジェ著，シルビア・パラット＝ダヤン，アナスタシア・トリフォン編（芳賀純・能田伸彦監訳，原田耕平・岡野雅雄・江森英世訳）『ピアジェの教育学』三和書籍，2005年

藤田昌士『道徳教育　その歴史・現状・課題』エイデル出版，1985年

福田弘『道徳教育資料集』IPC出版，2004年

J・J.ウィルソン監修（押谷由夫・伴恒信編訳）『世界の道徳教育』玉川大学出版部，2002年

武藤孝典編著『人格・価値教育の新しい展望—日本・アメリカ・イギリス—』学文社，2002年

ヨーロッパ評議会企画（福田弘訳）『人権教育のためのコンパス［羅針盤］　学校教育・生涯学習で使える総合マニュアル』明石書店，2006年

ヨーロッパ評議会企画（福田弘訳）『コンパシート【羅針盤】子どもを対象とする人権教育総合マニュアル』人権教育啓発推進センター，2009年

L.E.ラス，M.ハーミン，S.B.サイモン（遠藤昭彦監訳，福田弘・諸富祥彦訳）『道徳教育の革新—教師のための「価値の明確化」の理論と実践—』ぎょうせい，1991年

第Ⅲ章
日本の道徳教育の諸相

1．道徳教育理論の特徴とその背景

わが国では，読み物資料を使って主人公の気持ちを考える，いわゆる「副読本活用主義」ないしは「心情主義」に依拠したような理論や実践だけでなく，道徳教育理論と呼ばれるようないくつかのものがこれまでに登場してきた。たとえば，「価値の明確化」理論，「モラルジレンマ授業」，「統合的プログラム」，「グループエンカウンター」活用論，「モラルスキルトレーニング」，「総合単元的な道徳教育」理論，「構造化方式」理論などである。ここでは，外国からの影響を受けてわが国でも広く普及した2つの理論，すなわち「価値の明確化」理論と「モラルジレンマ授業」について取りあげる。

1）「価値の明確化」理論

「価値の明確化」理論は，アメリカの道徳教育において1970年代から80年代にかけて大きな影響を及ぼしたものである。この理論は，わが国では，L. E. ラス，M. ハーミン，S. B. サイモン著，遠藤昭彦監訳，福田弘・諸富祥彦訳『道徳教育の革新―教師のための「価値の明確化」の理論と実践―』（ぎょうせい，1991年）の出版を契機に，広く知られるようになった。現在でも，この理論は教育現場に受け入れられているだけでなく，『心のノート』の中にも活用されているが，出生の地であるアメリカでは，もはや主流の位置にはなく，あまり評価されなくなっているのが現実である。さらにいえば，この理論の推進

者の一人であるハーミンは，1988年の時点で，「我々が，価値中立主義を強調したことによりおそらく，伝統的道徳を弱めることになった」とその理論の悪影響を認めたうえで，それに続けて「振り返ってみると，もっとバランスの取れた考え方を示したほうがよかった」，と反省の弁とも取れるような発言をしている。このような正直な発言は，自分の支持する理論や技法を教育現場に積極的に導入することには熱心であっても，それによる危険性や問題性，さらには学校の教育活動全体に及ぼす結果としての悪影響についてはまったく語ろうともしない道徳教育や心理学の研究者が多い中にあって，研究者・専門家のモラルとして賞賛に値するものであるが，彼の指摘した内容については，わが国の道徳教育関係者は深刻に受けとめなければならないであろう。

　周知のように，「価値の明確化」理論では，価値について唯一絶対的な答えは存在しないという前提の下に，人それぞれの価値観が尊重される。そのために，この理論に則った道徳授業において求められるのは，子どもに価値観を教えるのではなく，価値を獲得するプロセスを援助することである。それによって，道徳授業でしばしばみられる，教える側の価値観の押しつけがなくなり，子どもの価値表現が授業の中で積極的に受容されるために，自分らしく生きたい生き方が肯定され，子どもの授業への参加意識が高まることになる。その結果，「自己の明確化」が進み，自己肯定感を基礎にした自己実現感も高まるであろう。その意味で，「価値の明確化」理論に依拠する方法は，つねに読み物資料を活用しながら，反省を強いるようなわが国の従来の道徳授業に対して，一石を投ずるものであった。

　しかし，その反面，子どもに大切な価値を教える，あるいはそれについて指導するという，訓育機能としての道徳教育固有の姿勢が弱められた。そして，次に述べるモラルジレンマ方式の影響とあいまって，道徳授業では，「道徳的価値を教え込んではいけない」ないしは「結論を教えてはならない」という間違った風潮，具体例をあげれば，「人の物を盗んではいけない」，「人を傷つけてはいけない」という至極当然なことすらも教えてはいけないのではないかと思い込んでしまう風潮が，少なからず教育現場に広まった（もちろん，この理

論を提唱したラスらは，子どもにその価値を選択してほしくないときには，明確に伝えるべきであると考えていたが）。さらには，道徳的判断，つまり知の側面よりも，心の側面，特に感情の側面に焦点が当てられるために，尊重されるべき道徳的なものとそれ以外のもの（たとえば，好みや気分などのようなもの）とが混同されがちであった。そのような混同が起きてしまうと，この理論が目指していた健全な自己実現ではなく，むしろ自己中心的な肥大化した自我が強調されることになってしまう。つまり，「価値の明確化」理論に内在している価値相対主義の弱点が，露呈してしまうのである。また，「価値づけの過程」で利用される「明確化の応答」や「価値のシート」が巧みに使われることによって，子どもは自主的に選択したつもりでいても，内実は，やさしい間接的な価値注入ないしは正当化を回避した教え込みにさらされることになる（たとえば，教師が「私も個人的にそれを思いやりと認めます」と応答すれば，合理的正当化なしに自分の価値を注入することができる。それによって，合理的な思考の育成が阻害されることになる。また，「価値シート」の選択肢の中に，教師が教え込みたい価値の項目を，おそらく子どもがあまり選択しないような項目と並列して忍ばせておけば，教師は子どもの自主的に選ぼうとする気持ちを巧みに利用して，教え込みたい価値を姑息にすり込むことができる）。

　したがって，教育現場においては，「価値の明確化」理論の長所と短所を十分に理解して実践に活かすことがとりわけ大切である。特に，反省を強いるだけでなく，徳目や規範を教え込む傾向の強いわが国の従来の道徳授業をかんがみるとき，この理論は，たとえ弱点をもっていても全面的に否定されるべきものでもない。教師にとって重要なことは，「方法に万能はない」という考え方を忘れることなく，さまざまな理論を参考にしながら，目の前の子どもにふさわしい実践を絶えず探し求める姿勢である。

2）「モラルジレンマ授業」

　「モラルジレンマ授業」のルーツは，アメリカのコールバーグの理論に求められる。コールバーグの名前それ自体は，1960年代の中頃からわが国の教育界

でも知られるようになり、また彼の道徳性発達理論も1970年代にも紹介されていた。しかし、彼の名前とその理論を教育界に一躍有名にしたのは、何といっても、荒木紀幸編『道徳教育はこうすればおもしろい―コールバーグ理論とその実践―』（北大路書房、1988年）であろう。

　荒木らは、1980年代にコールバーグの道徳教育論の実践的研究を進め、彼の道徳性発達理論に基づくジレンマ・ディスカッション（dilemma discussion）を、わが国の「道徳の時間」に実践できるように工夫した。それが、「モラルジレンマ授業」と呼ばれるものであり、ときには「兵庫教育大学方式のモラルジレンマ授業」と呼ばれることもある。

　そこでは、ひとつの資料を使って2時間の授業が行われることになっている。すなわち、道徳授業は、基本的に1主題2時間のものとなる。その授業過程モデルは、およそ次のようになる。まず1時間目には、「立ち止まり読み」という資料理解の段階がある。子どもたちが資料を分割しながら丁寧に読み進めることになる。続いて、授業の最後には、子どもが第1回目の判断理由づけを行うことになる。つまり、子どもがどちらかのジレンマを選択することになる。

　2時間目に入ってはじめて、議論が展開される。そこでは最初に、相互の意見の批判吟味が行われ、そのうえで次に相互の意見の擦り合わせが行われて、一人ひとりの子どもが第2回目の判断理由づけに向かうことになる。授業の最後には、結論が出されない。つまり、授業の終わりは、オープン・エンドということになる。

　したがって、「モラルジレンマ授業」では、「道徳の時間」が1週間空いてしまうことになるが、答えがわからない資料が使われるために、授業を進めるうえでは大きな支障はないとされている。その後、わが国では、「兵庫教育大学方式のモラルジレンマ授業」のように、1主題2時間の授業過程ではなく、1主題1時間で完結する実践も繰り広げられるようになった。現在では、後者の方法が多いようである。

　いずれの方法、あるいは他のアレンジした方法を採用するにせよ、「モラルジレンマ授業」では、学級において自由に発言できる雰囲気をつくることや、

子どもにとって有意義な道徳的価値を含むような資料を用いることが，とりわけ重要になる。

確かに，「モラルジレンマ授業」では，子どもの積極的な授業参加の姿勢がみられ，道徳性に関する認知発達も促進されるであろう。何よりも，「副読本活用主義」にしばしばみられるワンパターンの道徳授業ではないために，子どもは楽しく道徳的価値に触れることができる。そのために，この授業は，全国的に広まることになった。

しかし，この理論にも大きな弱点が存在する。ジレンマ・ディスカッションを提唱したコールバーグは，教え込みを批判するところから出発した。したがって，そこに依拠する「モラルジレンマ授業」は，必然的に価値の教え込みを避けることになる。そのようになると，道徳的価値が教えられないために，授業の終末は答えのないオープン・エンドになり，道徳教育としてその存在価値はきわめて弱くなる。それどころか，訓育機能としての道徳教育とは，とてもいえない授業になってしまう。事実，アメリカでも，コールバーグの道徳教育論は批判され，彼自らがその不十分さを自覚し，新たにジャスト・コミュニティ・アプローチを提案している。その意味からいっても，「モラルジレンマ授業」に依存しすぎるのは，決して望ましいことではない。

それどころか，わが国では，ジレンマ・ディスカッションが思考形式の発達段階論との関係も考慮されずに，ただ授業が楽しくなるから行うというような風潮もかなりみられる。また，コールバーグの念頭にある学校段階は高等学校であったことも忘れられ，十分な思考力も身についていない小学校の段階でも，この方法がなんの躊躇もなく実施されてしまっている。

「価値の明確化」理論のところでも述べたように，教師は，「方法に万能はない」という考え方を忘れることなく，目の前の子どもにふさわしい実践を絶えず探し求めるという姿勢を失わないでもらいたいものである。

特に最近では，価値観の多様化の中で社会的な規範が混乱し，適切な方向性を見出せずにいるわが国の道徳教育界に，「グループエンカウンター」活用論

をはじめ，さまざまな技法やプログラムが外から，特に心理学の分野から安易に持ち込まれている。もちろん，それらが子どもの道徳教育に貢献をするものであるならば，大いに参考にされてよいであろう。しかし，その際には，人間形成の視座から十分に咀嚼吟味する必要がある。とりわけ，外国のものを取り入れる際には，カウンセリングの基底にはキリスト教の懺悔や告解の文化（たとえば，意識化して言葉にして語ることで罪は許されるという宗教的思想）が流れているように，必ずそれを育む時代の社会や文化の諸価値観とその基盤としての宗教観が創始者の世界観を通して包含されているがゆえに，道徳教育の専門家や教師は，現出された理論や実践だけに目を奪われるのではなく，そうした社会や文化の諸価値についても看過しないようにしながら，これからのわが国にふさわしい道徳教育論の再構築とその実践に尽力してもらいたいものである。

2．学校の道徳教育

ここでは，『学習指導要領』および『学習指導要領解説道徳編』などの文部省（現在の文部科学省）の資料を手がかりにしながら，わが国の道徳教育にみられる大きな現代的特徴について論述することにしよう。その際に，過去の実情と比べながら現代の諸相を描き出すことによって，現在置かれているわが国の道徳教育の課題と改善の一端を明らかにする。

1）基本方針

教育政策に関して，激しい反対運動が日教組を中心に展開される中で，1958（昭和33）年3月18日，文部省は，「小学校・中学校における『道徳』の実施要領について」を次官通達というかたちで全国の小学校と中学校に示した。そこには，特設道徳の理由について次のように述べられていた。

「学校における道徳教育は，本来学校の教育活動全体を通じて行うことを基本

とする。従来も，社会科をはじめ各教科その他教育活動の全体を通じて行ってきたのであるが，広くその実情をみると，必ずしもじゅうぶんな効果をあげているとはいえない。このような現状を反省して，ふじゅうぶんな面を補い，さらに徹底をはかるために，新たに『道徳』の時間を設ける。『道徳』の時間は，児童生徒が道徳教育の目標である道徳性を自覚できるように，計画性のある指導の機会を与えようとするものである。すなわち，他の教育活動における道徳指導と密接な関連を保ちながら，これを補充し，深化し，また統合して，児童生徒に望ましい道徳的習慣・心情・判断力を養い，社会における個人のあり方についての自覚を主体的に深め，道徳的実践力の向上をはかる。」

それから5ヵ月後の同年10月，特設道徳を盛り込んだ小学校と中学校の『学習指導要領』が告示された。小学校および中学校の『学習指導要領』の総則において，道徳教育に関して，次のような記述がなされていた。

「学校における道徳教育は，本来，学校の教育活動全体を通じて行うことを基本とする。したがって，道徳の時間はもちろん，各教科，特別教育活動および学校行事等学校教育のあらゆる機会に，道徳性を高める指導が行われなければならない。」

「道徳教育の目標は，教育基本法および学校教育法に定められた教育の根本精神に基く。すなわち，人間尊重の精神を一貫して失わず，この精神を，家庭，学校その他各自がその一員であるそれぞれの社会の具体的な生活の中に生かし，個性豊かな文化の創造，民主的な国家および社会の発展に努め，進んで平和的な国際社会に貢献できる日本人を育成することを目標とする。」

「道徳の時間においては，各教科，特別教育活動および学校行事等における道徳教育と密接な関連を保ちながら，これを補充し，深化し，統合し，またはこれとの交流を図り，生徒の望ましい道徳的習慣，心情，判断力を養い，社会における個人のあり方についての自覚を主体的に深め，道徳的実践力の向上を図るように指導するものとする。」

「道徳の時間における指導は，学級担任の教師が担当することを原則とする。」
＜この記述は中学校のみ＞

現在に至るまで数回の『学習指導要領』の改訂が行われたが，部分的な文言

の修正はあったものの，ここで記述された内容それ自体は，基本的に大きく変更を加えないで継承されてきた（資料参照）。つまり，特設道徳（「道徳の時間」）を伴う全面主義道徳教育（学校教育のあらゆる教育活動を通じて行う道徳教育）の基本方針は，貫かれたのである。

その「道徳の時間」については後述するので，ここでは，全面主義道徳教育の基本的方針についてもう少し詳しく述べると，それは次の2つの点を意味している。すなわち，学校で行うすべての教育活動を通じて行うことと，その際には必ず教育課程の各領域の特質に応じて行うことである。

前者についていえば，もともと道徳は，すべての生活分野における生活の仕方にかかわるものであるから，学校のあらゆる生活の場が道徳教育を行う可能性をもっている。したがって，その基本方針は当然のことといってよいであろう。具体的には，道徳の時間（小学校と中学校の場合）はもちろんのこと，各教科，特別活動および総合的な学習の時間，さらにはその他の学校におけるすべての活動，たとえば朝礼や給食・掃除・遊びの時間をはじめ，登下校や部活動などにおいても，道徳教育は行われるものである。そのためにも，『学習指導要領』の総則に記載されているように，「教師と児童（生徒）及び生徒（児童）相互の人間関係を深める」ことや「家庭や地域社会との連携」を図ることが大切なのである。

後者についていえば，各教科外の教育活動である特別活動や総合的な学習の時間には，多様な体験活動や集団（グループ）活動が行われており，道徳性の発達につながる目標や内容や方法がかなり含まれている。

また，各教科の目標や内容や方法においても，道徳性を育成するに当たって重要な役割をもっているものがみられるし，また道徳と緊密なかかわりをもつものが含まれている。たとえば，社会科における民主主義の理解や社会連帯性意識の育成をはじめ，実地見学やグループ活動，理科の実験観察，音楽科の合唱・合奏，体育科の練習や試合などである。

ただし，教科指導における道徳教育の重要性が意識されるあまり，教科の本来の特質や性格を離れて，すべて道徳教育に無理やりに結びつけて指導するこ

と，すなわち，いわゆる行き過ぎた教科の道徳化は避けられなければならないのである。

2）道徳教育の目標と内容

既述したように，1958（昭和33）年に告示された小学校および中学校の『学習指導要領』の総則に，道徳教育の目標は，次のように明確に記されていた。

> 「道徳教育の目標は，教育基本法および学校教育法に定められた教育の根本精神に基く。すなわち，人間尊重の精神を一貫して失わず，この精神を，家庭，学校その他各自がその一員であるそれぞれの社会の具体的な生活の中に生かし，個性豊かな文化の創造，民主的な国家および社会の発展に努め，進んで平和的な国際社会に貢献できる日本人を育成することを目標とする。」

また，この箇所に該当する，2008（平成20）年に告示された小学校および中学校の『学習指導要領』の総則では，道徳教育の目標は，次のような明確に記されていた。

> 「道徳教育は，教育基本法及び学校教育法に定められた教育の根本精神に基づき，人間尊重の精神と生命に対する畏敬の念を家庭，学校，その他社会における具体的な生活の中に生かし，豊かな心をもち，伝統と文化を継承し，それらをはぐくんできたわが国と郷土を愛し，個性豊かな文化の創造を図るとともに，公共の精神を尊び，民主的な社会及び国家の発展に努め，他国を尊重し，国際社会の平和と発展や環境の保全に貢献し未来を拓く主体性のある日本人を育成するため，その基盤としての道徳性を養うことを目標とする。」

2つの『学習指導要領』を比べてみれば明らかなように，道徳教育の目標に関しては，その期間にいくつかの改訂が行われてきたものの，基本的な枠組みそれ自体はあまり変わっていない。ただし，比較的大きな変更として注目されなければならないのは，1958（昭和33）年の改訂版の時点で，「人間尊重の精神」を「社会の具体的な生活の中」で生かすこと，「個性豊かな文化の創造と，民主的な国家および社会の発展」に努めること，「平和的な国際社会に貢献で

きる」こと，という望ましい「日本人」としての重要な3つの特性があげられているが，そのための基盤としての「道徳性を養う」という道徳教育独自の目標がまったく欠落してしまっている，ということである。そのような道徳教育独自の目標は，1969（昭和44）年の改訂版ではじめて記され（小学校の『学習指導要領』では，その1年前に改訂がなされ，その目標は記されている），現在に至るまで継承されている。それ以外の追加された文言は，その時代の改訂のたびに，道徳教育の充実に寄与できる事柄として，文章に挿入され続けてきたものである。

　少し詳細にみてみると，たとえば，「生命に対する畏敬の念」や「主体性のある」という文言は，1989（平成元）年の改訂版の時点で追加されたものである。また，その改訂の折りに，あとで詳細に説明する箇所であるが，「第3章 道徳」に示された「道徳の時間」の目標のところで，「道徳的判断力を高め，道徳的心情を豊かにし，道徳的態度と実践意欲の向上を図る」という従前の文言が，「道徳的心情を豊かにし，道徳的判断力を高め，道徳的態度と実践意欲の向上を図る」というものに変更されていたのである。この変更を少し違った視点からみるならば，個人の「知」のあり方よりも個人の「心」のあり方を優先しようとする意図，つまり心理主義の予兆がみて取れるであろう。そして，次の改訂となる1998（平成10）年版の時点では，総則の目標部分に，「未来を拓く」とともに，「豊かな心をもち」という文言が追加された。この「心」という言葉の登場は，まさに「心の教育」の時代的反映であると同時に，心理主義の浸透の象徴的存在である，と解釈することが可能であろう。さらに，2006（平成18）年の教育基本法の改正を受けて，2008（平成20）年の改訂版では，「伝統と文化を継承し，それらをはぐくんできたわが国と郷土を愛し」や「公共の精神を尊び」，そして「国際社会の平和と発展や環境の保全」という文言が追加され，先に引用したような2008（平成20）年の改訂版の総則ができあがったのである。

　道徳教育の内容に関しても，1958（昭和33）年の『学習指導要領』に記述されたものは，大筋において継承されている。しかし，前述した道徳教育の目標

に比べれば明白なように，時代の変化に応じて文言の修正や整理統合がかなり行われてきたといえよう。

1958（昭和33）年の『学習指導要領』では，小学校36項目，中学校21項目の内容が示された。

小学校の場合には，まず内容が大きく4つに区分された。すなわち，主として「日常生活の基本的行動様式」に関する内容，主として「道徳的心情，道徳的判断」に関する内容，主として「個性の伸長，創造的な生活態度」に関する内容，主として「国家・社会の成員としての道徳的態度と実践的意欲」に関する内容である。そのうえで，主として「日常生活の基本的行動様式」に関する内容では，「生命を尊び，健康を増進し，安全の保持に努める」や「自分のことは自分でし，他人にたよらない」など6項目が，主として「道徳的心情，道徳的判断」に関する内容では，「正を愛し不正を憎み，誘惑に負けないで行動する」や「自分を反省するとともに，人の教えをよく聞き，深く考えて行動する」など11項目が，主として「個性の伸長，創造的な生活態度」に関する内容では，「自分の特徴を知り，長所を伸ばす」や「常により高い目標に向かって全力を尽し，大きな希望を持つ」など6項目が，主として「国家・社会の成員としての道徳的態度と実践的意欲」に関する内容では，「だれにも親切にし，弱い人や不幸な人をいたわる」や「権利を正しく主張するとともに，自分の果すべき義務は確実に果す」など13項目が示されていた。内容項目によっては，学年段階に応じた配慮も記されていた。

また，中学校の場合には，内容に関して，まず次のような断り書きが記されていた。

「道徳教育の内容は，教師も生徒もいっしょになって理想的な人間のあり方を追求しながら，われわれはいかに生きるべきかを，ともに考え，ともに語り合い，その実行に努めるための共通の課題である。」

「道徳性を高めるに必要なことがらは，本来分けて考えられないものであって，道徳的な判断力を高めること，道徳的な心情を豊かにすること，創造的，実践的

な態度と能力を養うことは,いかなる場合にも共通に必要なことであるが,上の目標を達成するためのおもな内容をまとめて示すと,次のとおりである。」

その次に,「日常生活の基本的な行動様式をよく理解し,これを習慣づけるとともに,時と所に応じて適切な言語,動作ができるようにしよう」,「道徳的な判断力と心情を高め,それを対人関係の中に生かして,豊かな個性と創造的な生活態度を確立していこう」,「民主的な社会および国家の成員として,必要な道徳性を発達させ,よりよい社会の建設に協力しよう」という3つの見出しが示された。「日常生活の基本的な行動様式をよく理解し,これを習慣づけるとともに,時と所に応じて適切な言語,動作ができるようにしよう」のところでは,「生命を尊び安全の保持に努め,心身ともに健全な成長と発達を遂げるように励もう」など5項目が,「道徳的な判断力と心情を高め,それを対人関係の中に生かして,豊かな個性と創造的な生活態度を確立していこう」のところでは,「人間としての誇をもち,自分で考え,決断し,実行し,その責任をみずからとるように努めよう」など10項目が,最後の「民主的な社会および国家の成員として,必要な道徳性を発達させ,よりよい社会の建設に協力しよう」のところでは,「家族員相互の愛情と思いやりと尊敬とによって,健全な家族を築いていこう」など6項目が,内容項目として示されていた。

その後,1968(昭和43)年に小学校の『学習指導要領』が改訂された(中学校は昭和44年)。そこでは,内容に関しての区分は削除され,並列的に32項目が示された(中学校は13項目)。つまり,教育内容の現代化を意図し,「詰め込み教育」と揶揄された『学習指導要領』では,「道徳の時間」に指導しなければならない内容が,精選されていたのである。ところが,各教科の内容を精選することによって「ゆとりと充実」が求められた1977(昭和52)年の小学校の『学習指導要領』では,内容項目は大きく区分することなく,並列的に28項目(中学校の場合には16項目)が掲げられ,「道徳の時間」に指導しなければならない内容が増加に転じたのである。

そして,1989(平成元)年の改訂では,内容の全体性と相互の関連性と発展

性を明確にするために，内容項目が大きく4つの視点から分類整理された。すなわち，「主として自分自身に関すること」，「主として他の人とのかかわりに関すること」，「主として自然や崇高なものとのかかわりに関すること」，「主として集団や社会とのかかわりに関すること」であった。そのうえで，小学校では，内容に関して，低学年に14項目，中学年に18項目，高学年に22項目が提示された（中学校は22項目）。その意味では，道徳教育の充実のために，「道徳の時間」に指導しなければならない内容が緻密に提示されるようになった，とも考えられるが，別の見方をすれば，教員への制約が強まった，ともいえるのである。また，この4つの分類は，本来的に統合的であるはずの道徳性を，まず「自分自身」という個人の心の問題から説きはじめて，個別な道徳的価値に分離させてしまう構造になっており，その意味で，「日常生活の基本的な行動様式」からはじまる，1958（昭和33）年版の『学習指導要領』の四区分とは似て非なるものである。さらにいえば，1989（平成元）年版の4つの分類は，1958（昭和33）年版の中学校の『学習指導要領』における「道徳性を高めるに必要なことがらは，本来分けて考えられないもの」という道徳性への慎重な配慮を欠くものである。しかしながら，この分類に関しての異論は，ほとんど聞かれないで現在に至っている。

　したがって，1998（平成10）年の改訂でも，その4つの分類をはじめ，前回の改訂をほとんど踏襲するかたちで，内容項目の一部文言の修正が行われるとともに，小学校における低学年の「主として集団や社会とのかかわりに関すること」のところで，「郷土の文化や生活に親しみ，愛着をもつ」という内容項目が，中学校においては，同じく「主として集団や社会とのかかわりに関すること」のところで，「公徳心及び社会連帯の自覚を高め，よりよい社会の実現に努める」という内容項目が，新たに追加されている。また，これも前回の改訂から継承されていることであるが，各学校においても，子どもの発達的特質に応じた重点化が求められた。

　2008（平成20）年の改訂でも，1989（平成元）年と1998（平成10）年の改訂と同様に，内容項目が4つの視点から区別されるかたちで記されている。もちろ

ん，いくつかの内容項目についての若干の修正，および追加は行われた。

たとえば，小学校の低学年の「主として集団や社会とのかかわりに関すること」において，「働くことのよさを感じ，みんなのために働く」という内容項目が新しく加えられた。この追加は，キャリア教育との関連であろう。これによって，キャリア教育に関連する道徳の内容項目が，小学校全体に浸透することになった。確かに，フリーターやニートの増加をかんがみるとき，キャリア教育は重要であるが，幼児性も抜けきれないような，遊び盛りの低学年段階の子どもに対して，『小学校学習指導要領解説道徳編』で述べられている「働くことで役に立つうれしさ，やりがい，自分の成長などを感じられるように」働きかけることは，「道徳の時間」という座学の学習において適切でかつ可能なのか，改めて検討してみることが大切であろう。達成不可能な意図や課題を内容として安易に文章化してしまうことは，道徳教育を歪めるだけである。

また，小学校の中学年の「主として自分自身に関すること」において，「自分の特徴に気付き，よい所を伸ばす」という内容項目が加えられた。この追加は，個性の伸長を図るために自分のよさに気づかせようとするものである。これによって，適切な自己肯定感のようなものが強化されればよいが，現実体験も不十分な状態で未熟な自我しか形成し得ていない中学年段階の子どもでは，自閉的でわがままな自我の助長にもつながりかねないという危険性も考えられる。実践場面では，十分な検討が必要であろう。いずれにせよ，この項目の追加は，前回の改訂から色濃く出している，心理主義化の影響の一端である。

さらに，中学校では，「他の人とのかかわりに関すること」において，「多くの人びとの善意や支えにより，日々の生活や現在の自分があることに感謝し，それにこたえる」という内容項目が新たに加えられた。この項目の中身は，同じ「他の人とのかかわりに関すること」における人間愛の項目，すなわち「暖かい人間愛の精神を深め，他の人びとに対し思いやりの心をもつ」の中に包含されるものであるが，感謝の心をより強調すると同時に，小学校の高学年における項目，すなわち「日々の生活が人びとの支え合いや助け合いで成り立っていることに感謝し，それにこたえる」という人間関係的な項目と連続性をもた

せるために，あえて独立的な項目が新設されたのであろう。この項目に関しては，一見して「心」から「つながり」へのパラダイムシフトが行われているが，感謝の心を，対立回避を目指した優しい人間関係を維持するためのスキルのようなものと捉えられている点で，心理主義に支えられたいわば「コミュニケーション至上主義」というべき，社会風潮の影響がみえ隠れしている。

3）道徳教育の運営と評価

　これまでは，校長が指導力を発揮し，全教師の協力の下に「道徳教育の全体計画」とそれに基づく「道徳の時間の年間指導計画」を作成することが求められてきた。もちろん，道徳教育のみならず，教育が意図的に行われる限りにおいて，計画は必要不可欠であり，まして，学校における道徳教育は，全教育活動が有機的に関連し合って進められなければならないのであるから，総合的に示す全体計画がなくてはならないのである。

　ところが，そのようなやり方では，十分な成果があげられてこなかったとみなされ，指導体制を充実・強化するために，2008（平成20）年版の『学習指導要領』では，「道徳教育の推進を主に担当する教師」として「道徳教育推進教師」という名前の教師がはじめて登場することとなった。『学習指導要領』には，「道徳教育推進教師」について，次のように記されている。

　　　「各学校においては，校長の方針の下に，道徳教育の推進を主に担当する教師（以下「道徳教育推進教師」という。）を中心に，全教師が協力して道徳教育を展開するため，次に示すところにより，道徳教育の全体計画と道徳の時間の年間指導計画を作成するものとする。」

　つまり，道徳教育を学校という組織体として一体となって推進する体制を確立するために，道徳教育の推進を主に担当する道徳教育推進教師が新しく配置されたのである。文部科学省は，道徳教育推進教師を中心とした協力体制の整備を図ろうとしたのである。したがって，道徳教育推進教師は，次のような役割を協力関係の中で主に担うことになる。たとえば，道徳教育の指導計画の作

成に関すること，全教育活動における道徳教育の推進・充実に関すること，道徳の時間の充実と指導体制に関すること，道徳用教材の整備・充実・活用に関すること，道徳教育の情報提供や情報交換に関すること，授業の公開などにおける家庭や地域社会との連携に関すること，道徳教育の研究の充実に関すること，道徳教育における評価に関すること，などである。

したがって，今後は，道徳教育の全体計画は，校長の方針の下に，このような道徳教育推進教師を中心に，全教師の参加と協力を得ながら作成されることになる。その作成にあたっては，次のような点が留意されるべきものとされている（特に，中学校の場合）。

(1) 校長の方針の下に道徳教育推進教師を中心として全教師の協力・指導体制を整える
(2) 道徳教育や道徳の時間の特質を理解し，具体的な取組を明確にし，教師の意識の高揚を図る
(3) 各学校の特色を生かして重点的な道徳教育が展開できるようにする
(4) 学校の教育活動全体を通じた道徳教育の相互の関連性を明確にする
(5) 生徒の実態を踏まえ，保護者及び地域の人びとの意見を活用することや，学校交流，関係諸機関との連携に心掛ける
(6) 計画の実施及び評価・改善のための体制を確立する

また，「道徳の時間」の年間指導計画は，各学校で道徳教育推進教師を中心に全教師の創意工夫によって作成されることになっているが，その作成にあたっては，次のような点が留意されるべきものとされている（特に，中学校の場合）。

(1) 年間授業時間数を確保できるようにする
(2) 主題の設定と配列を工夫する
(3) 計画的，発展的指導ができるように工夫する
(4) 内容の重点的な指導ができるように工夫する
(5) 生徒が自ら道徳性をはぐくむことができるように工夫する
(6) 弾力的な取扱いについて留意する
(7) 年間指導計画の評価と改善を計画的に行うようにする

そして，学級における指導計画は，教師や子ども及び保護者の願いを具体的に形で生かし，一人ひとりのよさを引き出し育てるための方策を示したものである。それを作成するにあたっては，次のような点が留意されるべきものとされている（特に，中学校の場合）。

(1) 学級担任の教師の個性を重視し，生き生きとした学級経営を行う基盤となるよう心掛ける。
(2) 道徳教育の成果は，学級における日常生活の中に反映されるという認識に立ち，道徳の目標や内容に示される道徳性の具現化に努める。
(3) 生徒の自発的，主体的な態度を伸ばすよう特に配慮する。
(4) 他の学級や学年，保護者や地域との交流を積極的に図る。
(5) 網羅的になることを避け，精選した内容にする。
(6) 他の教師や保護者などの意見を取り入れ，改善したり付け加えたりする。
(7) 学級における指導計画の基本的な内容を図式化するなど分かりやすくし，生徒や保護者も記述できる部分を設けるなど，学級や家庭で日常的に活用できるように工夫する。

　ところが，現実にはなかなか難しい状況が横たわっている。残念なことに実情としては，一方では，道徳教育そのものをおろそかにしているとしか思えないぐらい，その計画が軽視されている教育現場もみられる。特に，教師の中には，特設道徳それ自体に反対する人たちも少なからず存在しているだけでなく，何かの特定の教科を専門とする教師にとっては，道徳教育それ自体がわずらわしくなりがちである。その意味で，文部科学省が何とかして「道徳教育の充実」を目指そうとすることは，あながち間違いではないだろう。また他方では，その逆に，その計画が金科玉条のごとく扱われ，その必要性が異常なほど固定化されて捉えられている教育現場もみられる。つまり，本来的にいえば，計画は道徳教育の方法に属するものであるが，あまりにも固定化して捉えられてしまうと，方法である計画が，いつのまにか教育実践の目的にすり替わってしまうのである。
　したがって，これから大切にされなければならないのは，教育における計画の意義，とりわけ道徳教育におけるそれを理解し，校長の方針の下に，道徳教

育推進教師を中心に，全教員の創意と英知を結集した計画を作り上げていくことと同時に，実践の過程で道徳性の育成のために弾力的に責任をもって変更・修正をしていくことである。ただし，その変更・修正は，決して指導者の恣意による不用意なものであってはならない，ということはいうまでもないことである。

　最後に，評価についていえば，一般に教育における評価は，計画と同様に，常に指導に生かされ，結果的に子どもの成長につながるものでなければならない。その点については，『学習指導要領』の総則に，「生徒（児童）のよい点や進歩の状況などを積極的に評価するとともに，指導の過程や成果を評価し，指導の改善を行い学習意欲の向上に生かすようにすること」と示されている。道徳教育についても，『学習指導要領』の第3章において，「生徒（児童）の道徳性については，常にその実態を把握して指導に生かすよう努める必要がある」と述べられているように，その評価は重要である。ただし，「道徳の時間に関して数値などによる評価は行わないものとする」という『学習指導要領』の記述の趣旨を踏まえておくことが大切である。なぜなら，道徳性という人格的なものは，軽々しく数値化されて評価されるべきものではないからである。

3．「道徳の時間」の指導

1）指導の基本方針

　『学習指導要領』によれば，「道徳の時間」は，道徳教育の目標に基づき，「各教科，特別活動及び総合的な学習の時間における道徳教育と密接な関連を図りながら，計画性，発展的な指導によってこれを補充・深化・統合し，道徳的価値の自覚を深め，道徳的実践力を育成する」時間である。つまり，道徳の時間は道徳教育の要としての役割をもっているとされている。そこでは，年間指導計画に基づいて，子どもや学級の実態に即し，「道徳の時間」の特質に基づく適切な指導が展開されなければならないことになっている。そのためには，

「道徳の時間」の指導に関する基本方針を踏まえておくことが，きわめて重要である。

『中学校学習指導要領解説道徳編』によれば，中学校については，次のような点が考えられている。

(1) 道徳の時間の特質を理解する
(2) 信頼関係や温かい人間関係を基盤に置く
(3) 生徒の内面的な自覚を促す指導方法を工夫する
(4) 生徒の発達や個に応じた指導方法を工夫する
(5) 道徳の時間が道徳的価値の自覚を深める要(かなめ)となるように工夫する
(6) 道徳教育推進教師を中心とした指導体制を充実する
(7) 指導に当たっての基本的姿勢について理解を深め指導に当たる

2）学習指導案の内容

道徳の時間における学習指導案とは，指導に当たる教師が道徳の時間に，学級の子どもを指導するために作成した具体的な指導計画案のことである。『中学校学習指導要領解説道徳編』に従えば，その学習指導案は，「主題のねらいを達成するために，生徒がどのように学んでいくのかを十分に考慮して，何を，どのような順序で，どのような方法で指導するかを指導に当たる教師が構想し，それを一定の形式にまとめたもの」である，ということになる。

もちろん，そうした学習指導案には，定まった固定的な形式や基準は存在するわけではない。あくまでも，各教師の創意工夫が期待されている。つまり，各教師が利用しやすいように作成すればよいのである。しかし，現実には，学校ごとに一定の形式が定まっていることも少なくない。

一般的には，次のような事項をその内容として含めることが大切であるとされている（特に，中学校の場合）。

(1) 主 題 名
原則として年間指導計画における主題名を記述する。

(2) ねらいと資料
　　年間指導計画を踏まえてねらいを記述するとともに資料名を記述する。
(3) 主題設定の理由
　　年間指導計画における主題構成の背景などを確認するとともに，ねらいや指導内容についての指導者の基本的な考え方，それと関連する生徒の実態と教師の願い，使用する資料の特質や取り上げた意図及び生徒の実態とかかわらせた指導の方策などを記述する。
(4) 指導区分
　　1主題に2単位時間以上を充てて指導しようとする場合，それぞれの単位時間の指導が，全体としての主題の指導においてどのような位置にあるかを明らかにし，各単位時間の指導のねらいを示すものである。
(5) 学習指導過程
　　ねらいに含まれる道徳的価値について，生徒が内面的な自覚を深めることを目指し，資料や生徒の実態などに応じて，教師がどのような位置にあるかを明らかにし，各単位時間の指導のねらいを示すものである。
(6) その他
　　道徳の時間の指導の効果を高めるために，事前指導と事後指導，各教科等における道徳教育との関連，体験活動や日常の個別指導との関連，校長や教頭などの参加，他の教師との協力的な指導，家庭や地域社会との連携，評価の観点などについて示すことも大切である。
　　なお，重点的に取り上げる内容や複数時間にわたって関連をもたせて指導する場合は，全体的な指導の構想と本時の位置付けについて記述することが望まれる。

3）学習指導案作成の手順

　学習指導案作成に際しては，各教科等との関連を密にした学習，体験活動等を生かした学習，複数時間にわたる学習など一層の創意工夫が求められる。一般的には，次のような手順が考えられている。

(1) ねらいを検討する
(2) 指導の要点を明確にする
(3) 資料を吟味する
(4) 生徒の感じ方，考え方を予測し，主な発問を考える

(5) 学習指導過程を考える
(6) 板書計画を立てる
(7) 事前指導，事後指導について考える

　このような手順を基本にしながら，各教科，総合的学習の時間および特別活動などとの関連，子どもの実態や指導内容，さらに指導する教師の構想や意図により，さまざまに創意工夫することが大切である。

4）学習指導の展開

　道徳の時間の指導にあっては，子ども一人ひとりが道徳的価値についての自覚を深め，道徳的実践の基盤としての道徳的実践力の育成が求められている。そのためには，学習の指導過程や指導方法の工夫が重要である。とりわけ，最近の文部省の調査で，多くの子どもたちが道徳の時間を楽しく感じていないという指摘がなされている現状にあっては，その工夫は緊急の道徳教育の課題といっても差し支えないであろう。このような状況において，昨今注目されている工夫の大きな方向性のひとつとしては，道徳の時間に「体験を生かす」という姿勢が文部省や教育現場に強くみられている。

　まず，学習指導過程についていうと，一般的には，導入・展開・終末の各段階を設定することが広く行われている。導入は，主題に対する子どもの興味や関心を高め，道徳的価値の自覚にむけて動機づけを図る段階である。展開は，ねらいを達成するための中心的な段階であり，中心的な資料によって，子ども一人ひとりがねらいとしての根底にある道徳的価値についての自覚を深める段階である。終末は，道徳的価値に対する思いやりや考えをまとめたりして，今後の発展につなぐ段階である。

　この三段階で区切る考え方は，もちろん道徳の時間だけでなく，各教科の授業の際にも，広くかつ一般的にわが国の教育現場で行われてきた。しかし，この考え方は，授業論の立場からすれば，あまり高く評価されるべきものではない。なぜなら，それは，子どもの認識過程に対応していないだけでなく，教師の働きかけも明確に提示できない点で，内実の乏しい，形式的な表現になって

いるからである。また，歴史的にいっても，それは，戦前の三段階の過程，つまり明治時代のヘルバルト派の五段階教授の圧縮型（予備・教授・整理）からほとんど進歩・発展していないからである。この考え方への執着は，一朝一夕には変更されないであろうが，次第に改善されてしかるべきであろう。幸いにも，1998（平成10）年版の『学習指導要領』や『学習指導要領解説―道徳編―』において，道徳の時間における多様化が求められた。これをひとつの契機として，学習指導過程の改善の機運が高まった。2008（平成20）年版の『中学校学習指導要領解説道徳編』でも，前回の改訂版と同じように，「いたずらに固定化，形式化すること」は，強く戒められている。その意味で，改善のための教師の創意工夫と努力がこれから期待されるところである。

　しかし，そうであるからといって，指導の意義や方法の基本を踏まえない，恣意的な無責任な多様化は絶対に避けられなければならないであろう。

　次に，指導方法についていえば，一般的には，講義法・講話法・説明法，対話法・問答法・討議法，視聴覚的方法，実験法・実演法，練習法・実習法，鑑賞法・表現法などという分類がなされている。それに対して，道徳の時間の指導の主な方法としては，読み物資料の利用，話合い，教師の説話，視聴覚機器の利用，動作化・役割演技等の表現活動などがあげられている。

　もちろん，道徳の時間の固有性もあり，一概に各教科の指導法と比較はできないが，道徳の時間の指導法に関しては，まだまだ特定の方法への固定化が強くみられ，改善の余地が多く残っている。多くの子どもたちが道徳の時間を楽しく感じていないという現実を踏まえ，道徳の時間の指導法についても，多様化への教師の創意工夫が求められている。

　また，そのような指導法の改善のためには，それとかかわる道徳資料の開発と活用の創意工夫も忘れられてはならないであろう。

　いずれにせよ，道徳の時間はすべての面においてより一層改善されていくべきものであるし，現代の教育問題を解決していくうえで大きな役割と期待を担っている。道徳の時間については，その趣旨を生かして，積極的にその方向で改善する勇気が大切である。かつては，生活指導を拠り所にして，特設道徳

を批判する教師たちも少なくなかったために，生活指導との明確な区別が教育行政上強く求められた。それゆえ，生活指導との差異化を図るために，資料の利用や授業の固定化も必要であった。しかし，時代は変わり，今や，新しい世紀にふさわしい道徳の時間を創造していくために，読み物資料を含めた魅力的な教材（学習材）の開発や授業の工夫，さらには学校内外の人びととの連携（たとえば，ゲスト・ティーチャー），他教科等との関連などが，多様化として求められている。子どもに豊かな人間性や道徳性を育てようとするには，授業も，またそれを担当する指導者の人間性や道徳性も，さらには指導者の創造性も，豊かでなければならないであろう。教育一般にいえることであるが，特に，道徳教育の場合には，指導者としての教師が輝かなければ，子どもも輝かないであろう。

4．道徳教育の再構築のためのヒント

1）シュタイナー学校の道徳教育

　教科書やテストのない学校として有名なシュタイナー学校（別名，自由ヴァルドルフ学校と呼ばれることもある）は，1919年にドイツのシュトゥットガルトで設立されてから増え続け，現在では世界の58ヵ国におよそ1,000校を数えるまでに至っている（そのうちの数十校は，ユネスコ・スクールとしても認定されている。また，わが国では，学校法人およびNPO法人を含めて8校の全日制学校が存在している）。そこでは，教師と子どもたちとの「つながり」を重視した8年間の学級担任制をはじめ，さまざまなユニークな教育実践が展開され続けている。もちろん，そのような実践に対しては，賛否両論が世界中で渦巻いている。特に，その実践の拠り所となっている創始者シュタイナー（Rudolf Steiner，1861-1925）の宗教的な教育観・人間観に対しては，厳しい批判・非難も少なくない。しかし，この学校は，一部では「道徳学校」と呼ばれるぐらいに，道徳教育に熱心な学校としても知られている。

シュタイナー学校における道徳教育は，もちろん他の教育実践と同様に，創始者シュタイナーの独自な教育観に基づいて行われている。シュタイナーは，「道徳的衝動を自分の中で正しく展開できるように子どもを次第に導いていくこと，そのことが最大にして最重要な課題です」と述べるように，道徳教育それ自体を重要視している。そのうえで，彼は，過度の内容主義や方法主義に陥ることなく，独自な理論を展開している。
　まず，内容についていえば，シュタイナーは，教えるべき重要な道徳的価値を3つあげている。すなわち，感謝と愛と義務である。これらの3つの道徳的価値を，シュタイナーは「基本的徳性」と呼んでいる。彼は，それ以外の道徳的価値を，「基本的徳性」を基にして導き出されたものであるとみなし，それらの徳性に絞り込んで指導しようとした。つまり，わが国のように，学習指導要領に示された多数の道徳的な価値項目を教えようとする発想とは，根本的に異なった，きわめてシンプルな内容論である。
　次に方法についていえば，シュタイナーは，幼児期（誕生からおよそ7歳まで）には感謝という道徳的価値を，児童期（およそ7歳からおよそ14歳まで）には愛という道徳的価値を，青年期（およそ14歳からおよそ21歳まで）には義務という道徳的価値を指導すべきであると考えた。
　そのような発達に即した指導に関して簡潔に説明すると，まず幼児期については，シュタイナーが「成長力の最も強い時期に，感謝が植えつけられなければなりません」と述べるように，感謝という道徳的価値が教えられるわけであるが，その方法は，模倣というかたちで意志に働きかけるように指導される。そこでは，決まり文句や教訓は，ほとんど意味のないもの，ないしは子どもに道徳ぎらいにさせているものとみなされ，あくまでも，子どもの身近なところにいる親や教師（保育者）が，子どもの目の前で模範や手本を示すように心がけなければならないとされている。つまり，幼児期の道徳教育にとって重要な方法は，「道徳的な決まり文句ではなく，また理性的な教訓でもなく，子どもの目のとどく環境で行われる大人の行為」なのである。
　ただし，ここでの幼児期は，わが国のように，単なる道徳的な萌芽期として

みなされているわけではない。それどころか，幼児期こそが，道徳教育にとって最も重要な時期とされている。その点については，シュタイナーの「小学校に入学してくる子どもは，すでに生活上の道徳的基本傾向を形成してしまっています」，ないしは「教育者として7歳までに怠ったことは，決してあとになって取り戻せません」という言葉がそれを裏づけている。

　次に児童期については，すでに生活上の道徳的基本傾向を形成しているということを前提にしながらも，まだ道徳性の育成が可能であるという考えのもとに，愛という道徳的価値が教えられるわけであるが，その方法は模倣的な行為から徐々に言葉による指導に変更される。しかし，児童期には，感情を育てるべきであるというシュタイナーの教育観に則り，「知性による判断」は避けられて，「感情による判断」が重視されるために，言葉は，「知性による判断」をしなくて済むような，尊敬と信頼に裏づけられた真の権威者から発するものでなければならないとされている。そのような権威的な教育関係を醸成するには，組み替えのない8年間の長期的な学級担任制が必要となる。その意味で，権威者としての学級担任教師を中心にした，道徳教育の場にふさわしい学級づくりが求められることになる。そのような環境づくりは，まさに「隠れたカリキュラム」のひとつである。

　また，青年期については，義務という道徳的価値が教えられるわけであるが，その方法としては，「知性による判断」が活用されてよいことになる。つまり，この時期になってはじめて，権威的なつながりを有しなくても，同等な関係で，教師は言葉による知的な指導を積極的に行ってよいのである。ただし，青年期の子どもは，教師の態度に対してきわめて敏感であるために，「誠実な心で子どもとかかわりあう」という教師の姿勢が，言葉による指導の前提となっている。もし，教師がそのような姿勢を示さないならば，教師自身が軽蔑されるだけではなく，教師が教えた道徳的価値も，きわめて空虚で軽蔑されるべきこととして，子どもの心に刻み込まれてしまうからである。

　このようなシュタイナー学校の方法の基本原理をみていると，そこには，教える者と学ぶ者との関係性がつねに問われていることに気づかされる。すなわ

ち，幼児期には模範者と模倣者という「つながり」が，児童期には権威者と恭順者という「つながり」が，青年期には心的な対等の「つながり」が求められる。つまり，道徳教育にふさわしい雰囲気の場，換言すれば，そのような人的環境が大切にされているのである。さらに付け加えるならば，シュタイナー学校では，教える者の道徳性や人格性，すなわち教える側のあり方や存在がつねに重要視されるのに対して，精緻なプログラムの内容や技法は，それに比べてあまり問題視されていないのである。

　シュタイナー学校では，以上みてきた彼の独自な内容論や方法論の基本原理に則り，道徳教育の実践が展開されることになるが，その際にも，さらに彼の「道徳授業は，教師が自分の生徒に対して行うことのすべてに浸透されなければならないのであって，ひとつの切り離された道徳指導は，その他すべての教育や授業を道徳的なものに方向づけることに比べると，ほとんど効果をあげられないのである」という考え方が浸透している。したがって，この学校では，特設されたような道徳授業はなく，道徳を教えようとしていることを気づかせないように，授業を作りあげようとすることが求められるのである。その意味では，いわば「隠れたカリキュラム」的な道徳教育，並びに道徳と他の教育内容との「つながり」を重視した「ホリスティック」的な道徳教育，つまり，わが国の道徳教育理論に当てはめていえば，「総合単元的な道徳教育」に近いものが，大切にされているといえるのである。

　とりわけ，児童期のエポック授業（この学校では，毎日，早朝の2時間，同じ教科の教材が数週間にわたって指導される）において，そうした特徴的な道徳教育について具体的かつ簡潔にいうと，たとえば，国語の授業の際には，寓話やメルヘンなどの語り聞かせが，子どものファンタジーの活性化に向けて積極的に行われる。そこでは，語り聞かせたあとで，登場人物についての解説のように，作品の内容を子どもに知的に理解させようとする試みは，決して行われない。算数の授業では，全体性やバランスが大切にされ，数や図形の不思議さを子どもに気づかせながら，規律や節度の感覚が養われる。地理の授業では，産業や交通による人間の「つながり」の重要性，そこから特に隣人愛の大切さが

強調される。動物学の授業では，動物と人間とを比較しながら，人間の四肢の重要な意味が教えられ，人間の頭に象徴される知的な道徳ではなく，四肢を使った意志的・行動的な道徳の大切さが指導される。植物学の授業では，大地や太陽とつながろうとする植物の賢明さが，子どものファンタジーをかき立てるように指導される。

以上みてきたように，シュタイナー学校では，教師の人間性や教師との「つながり」に重きを置きながら，きわめてシンプルな基本原理に則り，「道徳授業のない道徳教育」が実践されている。そこで大切にされている姿勢は，多くの道徳的価値を子どもに意識的に植えつけようとするのではなく，多種多様な教材の学びを通して，子どものファンタジーを活性化して，それに気づかせる，あるいはそれを子どもに創造的に生み出させようとしているところにある。

このようなシュタイナー学校の理論と実践は，いうまでもなくそのままわが国の学校に導入できるものではないが，「道徳の時間」を道徳教育の要とみなすあまり，道徳授業による意識的な道徳教育に執着しているわが国の道徳教育界に対して，いわば無意識的ないしは「隠れたカリキュラム」的，並びに「ホリスティック」的な道徳教育を試みている点で，未来に向けて根本的な発想の転換を促すものであるといえよう。

2）NIEによる道徳教育

近年，社会や学校で起こっているサイコバブル状況（心理主義化）の影響を受けて，道徳教育でも，心理学の指標やスキルを過大評価する傾向が強くなっている。たとえば，「価値の明確化」理論，「モラルジレンマ授業」，「エンカウンターグループ」活用論，などである。

このような理論や方法は，現実の問題を個人の心の問題に変換・還元し，あくまでも個人における感情のあり方の適応に終始しがちである。そのために，日常的な社会や生活の状況性および「つながり」は断ち切られる。特に今日のような高度情報化社会にあって，子どもは虚構の世界に没入し現実との「つながり」を失いやすい状況に置かれていることを考えると，そのような心理主義

の方法への全面的依存はかなり危険である。むしろ，現実を大切にしながら，熟考を重ねた価値判断に基づいて子どもに社会事象の生きた知識を総合的に提示できる新聞記事は，現実社会との「つながり」を堅持できる点で，道徳教育において積極的に活用されてしかるべきである。その意味で，新聞紙面を学習材として活用する教育活動とされる NIE (Newspaper in Education) は，道徳教育の方法としてきわめて有意義である。

　新聞記事は，確かに副読本の資料のように使用されるということもあるが，前述した心理主義の手法であるモラルジレンマ授業に利用されるということも少なくない。つまり，対立した２つの価値観の新聞記事が道徳資料として取りあげられ，教師は，子どもたちに，自分ならどちらの立場を支持するのか，について意見交換をさせ，友だちの意見を参考にさせながら，自分の価値観を身につけさせようとするものである。したがって，１主題１時間のモラルジレンマ授業の展開は，基本的に次のように簡略化できる。

	指導内容
導　入	ジレンマの内容に関する予備質問を行う ジレンマ資料を提示する
展　開	明確化するための補助発問を行う 小グループにおける討議を行う 全体討議を行う
終　末	各自の最終の解決策とその理由をまとめさせる

　もちろん，新聞記事は，討議のためのジレンマ資料に限られるべきものではない。なぜなら，新聞記事は，多種多様な人間の社会事象の中で総合的・調和的に道徳的価値を包含し，また日常の社会や生活との状況性を確保しているために，さまざまなかたちで「生きた教材」としての道徳資料になり得るからである（しかし，小学生には，一般の新聞記事は内容的に無理ではないか，という疑問も確かにあるだろうが，年齢的に読解が不可能な場合には，子ども向け

の新聞の利用も十分に可能である)。しかも,新聞記事は,道徳資料としてわざと作られていないだけに,あの副読本のような白々しさもなく,また,教科教育における知識の現実的応用という側面を有しながら,現実の社会や生活との「つながり」をつねに有した「生きた教材」であるために,むしろ自然なかたちで道徳的価値を内包している。その意味で,新聞記事は,単なる討議式の指導法としてだけではなく,指導法の制約なしに有効に利用できる,いわば現実社会とつながった「道徳資料の宝庫」といえよう。

　もちろん,以上みてきたように,NIEという方法はきわめてすぐれた特徴を有しているが,そうであるからといって,心理主義の方法と同様に,万能薬のように「やみくもに」受容され過大評価されてはならないであろう。

　しかし,NIEは,教師の存在意義と資質能力を高めることにつながる点で,特にすぐれた方法である。なぜなら,心理主義の方法の下では,教師は開発されたプログラムのユーザーないしは執行人のレベルにとどまってしまうのに対し,NIEの下では,教師はまずマニュアルに学びながらも,やがてそれを乗り越えて,「ある教材」から「なる教材」への変換を創造的に図るカリキュラムのデザイナーないしは開発者のレベルになり得るからである。つまり,後者の下では,教師に対してより大きな自由と責任が与えられる。その結果,教師自身が努力すれば,健全に成長し輝き,またそれによって子どもも健全に成長し輝くことになる。そのような可能性をもつだけに,NIEの研究と実践は,道徳教育においても現代的意義を有すると同時に,特に「道徳の時間」については,わざとらしい道徳資料に執着し続けて大きな成果を上げられないでいる道徳教育界に対して,根本的な改善に向けての大きな刺激となるであろう。

3) 人権教育による道徳教育

　1948 (昭和23) 年に国連総会において世界人権宣言が採択された。その後今日に至るまで,人権に関するさまざまな条約が採択されるなど,人権保障のための国際的努力が世界各地で重ねられてきた。そして,国連は,全世界における人権保障の実現のためには人権教育の充実が不可欠であるとみなし,「人権

教育のための国連10年」(1995〜2004年) を実施した。また、2004年には国連総会が、全世界的規模で人権教育の推進を徹底させるための「人権教育のための世界計画」を2005年に開始する宣言を採択している。2005年7月には、その具体的内容を定めた「行動計画改定案」(わが国は共同提案国) が国連総会において採択されている。

　こうした人権教育の国際的潮流の中で、わが国も人権教育の推進に努力してきた。たとえば、2002年の「人権教育・啓発のための基本計画」の閣議決定、文部科学省における2003年の「人権教育の指導方法等に関する調査研究会議」(座長：福田弘) の設置などである。特に、その調査研究会議では、いくつかの中間的な取りまとめが公表されてきた。

　「第3次とりまとめ」によれば、人権教育は、「自他の人権の実現と擁護のために必要な資質や能力を育成し、発展させることを目指す総合的な教育」とされ、その究極的な目標を「自分の人権を守り、他者の人権を守るための実践行動」の実現に置いている。このような実践行動を生み出すには、「自分の人権を守り、他者の人権を守ろうとする意識・意欲・態度」の育成が必要であろう。そして、こうした意識・意欲・態度は、「人権に関する知的理解」の深化と「人権感覚」の育成とが相補的・総合的に進展するときに、子どもの内面に生まれ、育つと期待されている。また、この「人権感覚」が健全に働くときに、自他の人権が尊重される「妥当性」を肯定し、逆にそれが侵害されることの「問題性」を認識して、人権侵害を解決せずにはいられないとする、いわゆる人権意識が芽生えてくる。つまり、価値志向的な人権感覚が知的認識とも結びついて、問題状況を変えようとする人権意識または意欲や態度になり、自分の人権とともに他者の人権を守るような実践行動に連なると考えられている (図3－1参照)。

　こうした価値・態度および技能は、単に言葉で説明して教えるというような指導方法によっては、とても育成できない。むしろ子どもが自らの経験をとおしてはじめて学習できるものである。つまり、子どもが自ら主体的に、しかも学級の他の子どもたちとともに学習活動に参加し、協力的に活動し、体験する

図3－1 「人権教育を通じて育てたい資質・能力」

自分の人権を守り，他者の人権を守るための実践行動

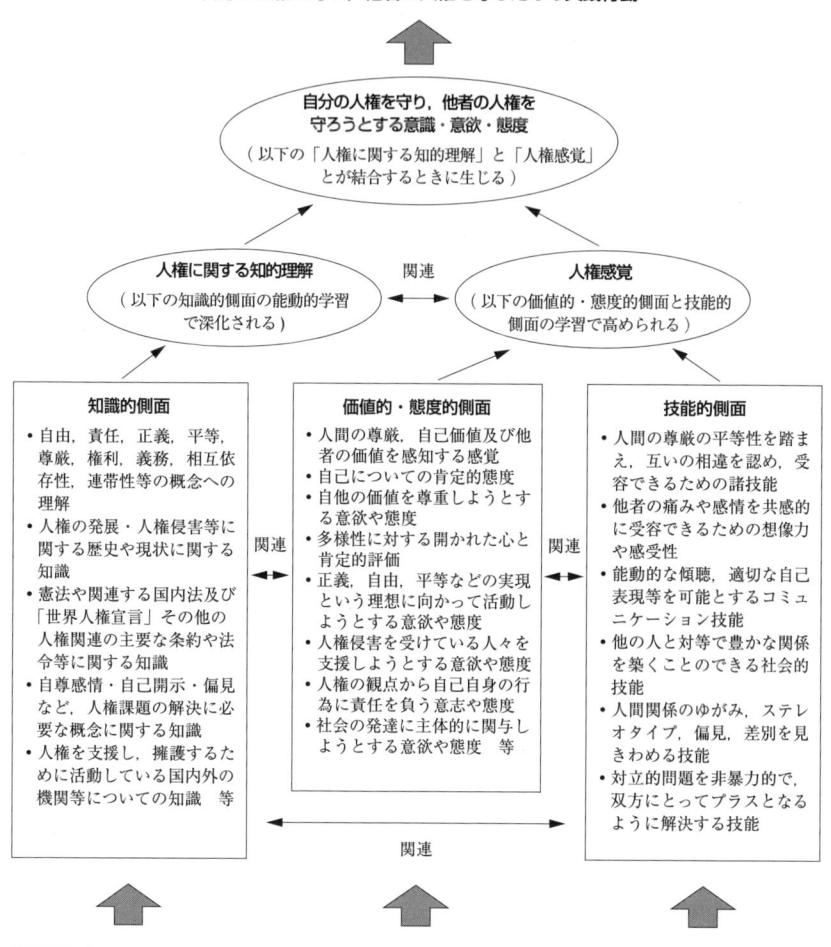

↑

自分の人権を守り，他者の人権を守ろうとする意識・意欲・態度
（以下の「人権に関する知的理解」と「人権感覚」とが結合するときに生じる）

人権に関する知的理解 ←関連→ **人権感覚**
（以下の知識的側面の能動的学習で深化される）／（以下の価値的・態度的側面と技能的側面の学習で高められる）

知識的側面
- 自由，責任，正義，平等，尊厳，権利，義務，相互依存性，連帯性等の概念への理解
- 人権の発展・人権侵害等に関する歴史や現状に関する知識
- 憲法や関連する国内法及び「世界人権宣言」その他の人権関連の主要な条約や法令等に関する知識
- 自尊感情・自己開示・偏見など，人権課題の解決に必要な概念に関する知識
- 人権を支援し，擁護するために活動している国内外の機関等についての知識　等

価値的・態度的側面
- 人間の尊厳，自己価値及び他者の価値を感知する感覚
- 自己についての肯定的態度
- 自他の価値を尊重しようとする意欲や態度
- 多様性に対する開かれた心と肯定的評価
- 正義，自由，平等などの実現という理想に向かって活動しようとする意欲や態度
- 人権侵害を受けている人々を支援しようとする意欲や態度
- 人権の観点から自己自身の行為に責任を負う意志や態度
- 社会の発達に主体的に関与しようとする意欲や態度　等

技能的側面
- 人間の尊厳の平等性を踏まえ，互いの相違を認め，受容できるための諸技能
- 他者の痛みや感情を共感的に受容できるための想像力や感受性
- 能動的な傾聴，適切な自己表現等を可能とするコミュニケーション技能
- 他の人と対等で豊かな関係を築くことのできる社会的技能
- 人間関係のゆがみ，ステレオタイプ，偏見，差別を見きわめる技能
- 対立的問題を非暴力的で，双方にとってプラスとなるように解決する技能

← 関連 → ← 関連 →
← 関連 →

↑

全ての関係者の人権が尊重されている教育の場としての学校・学級
（人権教育の成立基盤としての教育・学習環境）

出所）文部科学省ホームページ「人権教育の指導方法等の在り方について［第三次とりまとめ］」（一部修正）
（http://www.mext.go.jp/b_menu/shingi/chousa/shotou/024/report/08041404/002.htm，2020.1.28）

ことをとおしてはじめて身に付くといえよう。その意味で，こうした資質や技能を育成するには，自分で「感じ，考え，行動する」という主体的・実践的な学習が必要である。したがって，人権教育の指導方法の基本として，子どもの「協力」，「参加」，「体験」を中核に置くことが重要である。よって，いわゆる参加体験型学習が求められるのである。

もちろん，参加体験型学習にみられるような体験的学習は，今日では広く実践されるようになったが，そこでは，「体験すること」は，それ自体が目的なのではなく，いくつかの段階からなる学習サイクルの中に位置づくべきものである。したがって，個々の学習者における自己体験等から，他の学習者との協同作業としての「話し合い」，「反省」，「現実生活と関連させた思考」の段階を経て，それぞれの「自己の行動や態度への適用」へと進んでいくことが重要である。こうした基本的視点を踏まえた活用が忘れられてはならない（図3－2参照）。

しかし，福田弘も言うように，人権教育の成否を決するのは，そのような教育内容や指導方法の工夫だけではない。教育全般についても当てはまることであるが，学校や学級という学習の場の在り方や雰囲気の質が決定的な重要性をもつのである。したがって，人権教育においては，学校や学級，家庭や地域社会そのものを，人権尊重が具体的に実現されているような場に変えることが大切である。つまり，「隠れたカリキュラム」が重要になる。特に，子どもの人権感覚の育成には，体系的に整備された正規の教育課程と並び，いわゆる「隠れたカリキュラム」が考慮されねばならないのである。

以上みてきた人権教育の理論と実践の中には，わが国の道徳教育の再構築にとって有益な示唆が包含されている。その主なものとして，次の四点があげられる。

第一に，人権教育の根底には，「侵すことのできない永久の権利」としての基本的人権が尊重されているところである。つまり，そこには，「人間尊重の精神」がみられる。最近の道徳教育では，「道徳教育の充実」という言葉の下に，多種多様な諸要求が盛り込まれ，根本的な部分がなおざりになっている。

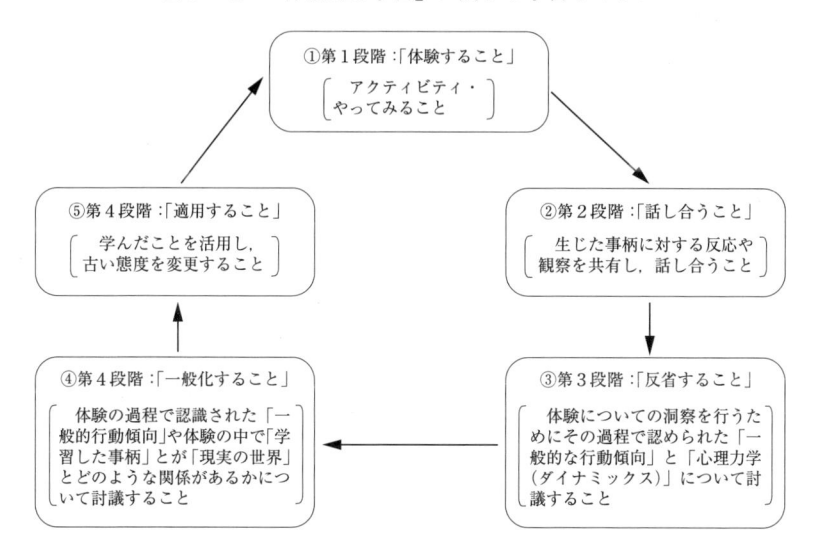

図3−2 「体験的な学習」に関する学習サイクル

```
                    ┌──────────────────────┐
                    │ ①第1段階：「体験すること」│
                    │ ［アクティビティ・      ］│
                    │ ［やってみること       ］│
                    └──────────────────────┘
                      ↑                    ↓
┌──────────────────────┐        ┌──────────────────────┐
│ ⑤第4段階：「適用すること」│        │ ②第2段階：「話し合うこと」│
│ ［学んだことを活用し，  ］│        │ ［生じた事柄に対する反応や］│
│ ［古い態度を変更すること］│        │ ［観察を共有し，話し合うこと］│
└──────────────────────┘        └──────────────────────┘
            ↑                                ↓
┌──────────────────────┐        ┌──────────────────────┐
│ ④第4段階：「一般化すること」│ ←    │ ③第3段階：「反省すること」│
│ 体験の過程で認識された「一│        │ 体験についての洞察を行うた│
│ 般的行動傾向」や体験の中で│        │ めにその過程で認められた │
│ 「学習した事柄」とが「現実│        │ 「一般的な行動傾向」と「心│
│ の世界」とどのような関係が│        │ 理力学（ダイナミックス）」│
│ あるかについて討議すること│        │ について討議すること    │
└──────────────────────┘        └──────────────────────┘
```

　上図における第1段階の「体験」は，必ずしも現実的な体験だけを意味するわけではない。むしろ，明確な目的意識の下に考案された学習活動（アクティビティ）に取り組むことによる疑似体験や間接体験をすることも含まれる。そこでは，ロールプレイング，シミュレーション，ドラマなど，多種多様な手法が用いられる。「体験的学習」のねらいは，「体験」を単なる「体験」に終わらせるのではなく，「話し合い」，「反省」，「一般化」，「適用」という具体的，実践的な段階を丁寧に踏むことによって，体験した事柄を内面化し，自己変容へと結び付けさせることにある。

出所）文部科学省ホームページ「人権教育の指導方法等の在り方について［第三次とりまとめ］」（一部修正）
　　（http://www.mext.go.jp/b_menu/shingi/chousa/shotou/024/report/08041404/009.htm, 2020.1.28）

　周知のように，学習指導要領の総則に「道徳教育は，教育基本法及び学校教育法に定められた教育の根本精神に基づき，人間尊重の精神と……」と記述されているが，得てして新しく盛り込まれた用語が注目され，「人間尊重の精神」という道徳教育にとっての根本的な言葉とその意味は忘れられがちである。そのような状況に対して，人権教育は，道徳教育の初心を想起させてくれる点で，大いに参考になる。

　第二に，人権教育では，「人権感覚」という「感覚」の育成が重要視されているところである。さらに詳しくいえば，価値志向的な「感覚」が知的認識と

も結びついて，問題状況を変えようとする意識または意欲や態度になるという発想は，自分で「感じ，考え，行動する」という主体的・実践的な学習を促進することになる。それに対して，道徳教育では，従来から判で押したように，求められる道徳性の内容としては，「心情」，「判断力」，「実践意欲と態度」という内面的な心的特性があげられ続けてきた。そのために，意識する方向はつねに個々人の内側であり，内面性が外的な行為よりもつねに尊重されてきた。その点については，「道徳の時間」に育成すべきとされる「道徳的実践力」は，道徳的実践を「する力」ではなく，道徳的実践を「しようとする力」という意味づけで，より内面的なものになっているということが，それを裏づけている。それゆえ，「道徳の時間」は，読み物資料を使って主人公の気持ちを考える，いわゆる「副読本活用主義」ないしは「心情主義」にならざるを得ないのである。このような道徳教育の呪縛を超えるためには，人権教育において求められている「感覚」から意識を経て行動に移すという統合した（つながった）人間的特性，つまり自分で「感じ，考え，行動する」という統合した人間的特性は，一考に値するものである。なぜなら，人権教育におけるこのような統合した人間的特性の捉え方は，道徳性を内面的な人間的特性として捉えてきた従来の道徳教育界の常識に対して，パラダイム転換を促すものになっているからである。

　第三に，人権教育では，参加体験型学習や「隠れたカリキュラム」が考慮されているところである。もちろん，道徳教育でも，学習指導要領の総則に，「学校における道徳教育は，道徳の時間を要として学校の教育活動全体を通じて行う」という記述がみられるが，現実の教育現場では，道徳教育は「道徳の時間」と同一視されているとまではいわないが，それに近い状態になりがちである。つまり，「道徳教育の充実」は，「道徳の時間の充実」とほとんど同じような意味になりがちである。そこでは，機能としての道徳教育が，領域としての「道徳の時間」と混同されているのである。その結果，道徳教育が，正規の教育課程に属する「道徳の時間」の指導に，あまりにも矮小化される傾向にある。特に，「要」という言葉によって，そうした傾向はいっそう強まりかねない。したがって，人間の根幹にかかわる道徳教育には，人権教育と同様に，

「協力」,「参加」,「体験」,「隠れた」という視点が欠落されてはならないであろう。その意味でも，人権教育の実践は，道徳教育界を覆いがちな偏狭な傾向に，警鐘を鳴らしているといえよう。

　第四に，人権教育では，社会問題という現実が取りあげられるために，つねに社会との「つながり」が意識されている。そうした社会との「つながり」は，西田幾多郎がいうように「社会は人格と人格との結合である」と考えるなら，なおさら人格の完成を目指す教育にとって欠くことのできない構成要素であるとみなされよう。また，人権教育では，学習サイクルとして参加体験型学習が組み入れられており，仲間同士の協同的な「つながり」のある学び合いが行われている。さらにいえば，そこでは，学校や学級という学習の場の在り方や雰囲気の質が重要視されており，その意味では，学ぶに値する生活環境の改善，すなわち健全な人権教育のための共同体の改革も射程に入っている。喩えていえば，人権教育の発想は，金魚鉢の中で病気になった金魚を他のきれいな水槽に移して治療回復させてから再びその金魚鉢に戻すというような個人的で，しかも医療モデル的なものではなく，病気になった金魚と，その金魚鉢の中の環境を睨みながら両方を改善させていく生活モデル的な発想である。つまり，個人の学びが周りの場としての環境との「つながり」の中で促進されようとしているのである。人権問題を個人の意識の問題に閉じ込めないで，社会や仲間や環境などとの「つながり」の中で学んでいこうとする人権教育の姿勢は，個人の内面にこだわりがちな道徳教育の現代的趨勢に対して，大いに参考になるであろう。

　今後，人権教育を道徳教育の中に位置づける研究，あるいは両者を統合するような研究が待たれるところである。その意味では，「市民性」というかたちで，個々人の人権と同時に，社会との「つながり」を重視するシチズンシップ教育の研究は，道徳教育とのかかわりにおいても，また持続可能なよりよい社会を築こうとする点においても，きわめて重要な位置を占めることになるであろう。

4）同和教育による道徳教育

　同和教育の実践は，西日本を中心に盛んに行われてきた。道徳の時間に，しばしば同和教育に関連する教材が使用されることも少なくなかった。その中でも，たとえば，奈良県の『なかま』や大阪府の『にんげん』が同和教育の教材として有名である。

　現在，全国的には，同和教育は国際的な流れの人権教育に収斂されるという傾向も少なからずみられる。しかし，同和教育は，人権教育と重なりつつも，日本独自の地域性や集団性の文化にかかわる側面を強く有している点で，グローバルな人権教育には還元しきれない特質を有している。特に，「豊かな心を育てる」に矮小化したような人権教育は，社会的な差別を克服しようとする同和教育とは，根本的に異なるものである。そのような心理主義に偏った人権教育は，本来的な同和教育の視点からみれば，「融和主義」に沿った「融和教育」とみなされる。なぜなら，「教育内容の観念化と暮らしの現実から学ばない教育の風潮は，差別の温存を図る融和主義のはびこるところとなる，いや，それ自体が融和主義である」と，みなされるからである。同和教育は，あくまでも歴史的な身分階層構造から由来した社会的な差別を克服しようとするものであって，決して個人に閉じ込められた心理的な差別感情のみをなくそうとするものではないからである。

　したがって，同和教育は，暮らしの現実という社会との「つながり」から差別や人権を学び，学習と生活との結合をめざした「仲間づくり」の実践を通じて，社会的な差別を克服できるような力を子どもに身に付けさせるものになっている。実践的には，学校における同和教育の大原則は，「しんどい子を中心に据える」という学級づくりに求められる。そのうえで，同和教育にたずさわる教師たちの間で語り継がれてきた「教育は『今日行く』ということ。家庭訪問して，足で稼ぐのが同和教育」という姿勢が大切にされ，子どもの生活背景を視野に入れた教育実践が日々行われることになっている。その意味では，前述した金魚鉢の喩えのように，面倒な子どもに対して何らかの障害名や病名を

つけて，専門家にゆだねて学級から排除しようとする姿勢，さらには相談に訪れる子どもを部屋で待ち，特定の心理学の理論に基づいた枠組みから子どもの心のケアをしようとするスクールカウンセラーの医療モデル的な姿勢などとは，本質的に違っている。むしろ，同和教育の実践は，福祉的なスクールソーシャルワークに類似しているといえよう。つまり，日常的な暮らしや活動との「つながり」の中で，教育が進められている。「教育は『今日行く』ということ。家庭訪問して，足で稼ぐのが同和教育」という言葉は，同和教育の実践の大きな特徴を言い得ている。

したがって，同和教育の実践は，心理主義的なハウ・ツーに依存しがちな道徳教育の現状に対して，学級の共生的・共同体的な集団づくりと家庭・地域との連携という「つながり」を重視する点で，わが国の教育の基礎基本を指し示すと同時に，大いなる警鐘を鳴らすものである。

【主要参考文献】
新井郁男・大塚文雄・林泰成『道徳教育論』放送大学教育振興会，2005年
荒木紀幸編著『道徳教育はこうすればおもしろい―コールバーグ理論とその実践―』北大路書房，1988年
氏原寛『実践から知る学校カウンセリング―教師カウンセラーのために』培風館，2000年
大森与利子『「臨床心理学」という近代―その両義性とアポリア―』雲母書房，2005年
小沢牧子編『子どもの＜心の危機＞はほんとうか？』教育開発研究所，2002年
小沢牧子『「心の専門家」はいらない』洋泉社，2002年
小沢牧子・中島宏籌『心を商品化する社会―「心のケア」の危うさを問う―』洋泉社，2004年
海後勝雄・鈴木清『新版　道徳教育』誠文堂新光社，1978年
柿沼昌芳・永野恒雄編著『「心のノート」研究』批評社，2003年
子どもの健康を考える会編『今なぜ，学校カウンセリングか』現代書館，1995年
小寺正一・藤永芳純編『三訂　道徳教育を学ぶ人のために』世界思想社，2009年
小林将太「日本におけるコールバーグ理論の初期導入過程の検討―先行研究における記述の分析を通して―」『筑波大学道徳教育研究』第10号，2009年

新保真紀子『子どもがつながる学級集団づくり入門―若いせんせいに送るラブレター』明治図書，2007年
實川幹朗『思想史のなかの臨床心理学―心を囲い込む近代―』講談社，2004年
田中圭治郎編著『道徳教育の基礎』ナカニシヤ出版，2006年
土戸敏彦編著『＜道徳＞は教えられるか？』教育開発研究所，2003年
筑波大学道徳教育研究会編『人権教育関連図書解題―筑波大学道徳教育研究　特別号―』2008年
トーマス・リコーナ（水野修次郎監訳・編）『人格の教育―新しい徳の教え方学び方』北樹出版，2001年
トニー・ディヴァイン，ジュンホ・ソク，アンドリュー・ウィルソン編（上寺久雄監訳）『「人格教育」のすすめ』コスモトゥーワン，2003年
朝永振一郎『科学と人間』みすず書房，1982年
朝永振一郎『物理学とは何だろうか』みすず書房，1982年
中戸義雄・岡部美香編著『道徳教育の可能性―その異論と実践―』ナカニシヤ出版，2005年
西田幾多郎『西田幾多郎全集　第３巻』岩波書店，2003年
日本NIE学会編『情報読解力を育てるNIEハンドブック』明治図書，2008年
日本道徳教育学会編『道徳教育入門』教育開発研究所，2008年
沼田裕之編著『＜問い＞としての道徳教育』福村出版，2000年
橋爪大三郎『「心」はあるのか』ちくま新書，2003年
深澤久『道徳授業原論』日本標準，2004年
藤田昌士『道徳教育―その歴史・現状・課題―』エイデル出版，1985年
福田弘『道徳教育資料集』IPC出版，2004年
村山正治編『臨床心理士によるスクールカウンセラー―実際と展望―』至文堂，2000年
森真一『自己コントロールの檻―感情マネジメント社会の現実―』講談社，2000年
門田秀夫『新版　人権教育思想論―民衆の視座からの解放史と全同教運動に学ぶ―』明石書店，1990年
ヨーロッパ評議会企画（福田弘訳）『人権教育のためのコンパス［羅針盤］　学校教育・生涯学習で使える総合マニュアル』明石書店，2006年
ヨーロッパ評議会企画（福田弘訳）『コンパシート【羅針盤】子どもを対象とする人権教育総合マニュアル』人権教育啓発推進センター，2009年
横山利弘『道徳教育とは何だろうか』暁教育図書，2007年
吉田武男『教職教養のための同和教育の基礎』協同出版，1998年
吉田武男・中井孝章編著『カウンセラーは学校を救えるか―「心理主義化する学

校」の病理と変革―』昭和堂，2003年
吉田武男・藤田晃之編著『教師をダメにするカウンセリング依存症―学級の子どもを一番よく知っているのは担任だ！―』明治図書，2007年
吉田武男『シュタイナーの人間形成論―道徳教育の転換を求めて―』学文社，2008年
L. E. ラス，M. ハーミン，S. B. サイモン（遠藤昭彦監訳，福田弘・諸富祥彦訳）『道徳教育の革新―教師のための「価値の明確化」の理論と実践―』ぎょうせい，1991年
文部科学省『小学校学習指導要領解説　道徳編』東洋館出版社，2008年
文部科学省『中学校学習指導要領解説　道徳編』日本文教出版，2008年

【用 語 編】

<道徳>

『広辞苑』によれば,「人のふみ行うべき道。ある社会で,その成員の社会に対する,あるいは成員相互間の行為を規制するものとして,一般に承認されている規則の総体。法律のような外面的強制力を伴うものではなく,個人の内面的なもの」とされている。

『大辞林』によれば,「ある社会で,人びとがそれによって善悪正邪を判断し,正しく行為するための規範の総体。法律とは違い外的強制力としてではなく,個々人の内面的原理として働くものをいい,また宗教と異なって超越者としての関係ではなく人間相互の関係を規定するもの」とされている。

語を分割して説明すると,『辞海』によれば,「道」は,「事物が運動するときに必ず守り従う普遍的規律」であり,「徳」とは「道にしたがって得るところのもの」とされている。

近代以降のわが国では,道徳は,ヨーロッパ語のモラル(英語の moral,ドイツ語の Moral,フランス語の morale)の邦訳語として使われてきた。これらの語源は,ラテン語の moralis であるが,「慣習」という意味のラテン語 mos の複数形 mores に由来する。

<道徳と倫理>

倫理は,ヨーロッパ語(英語の ethics,ドイツ語の Ethik,フランス語の éthique)の邦訳語として使われてきた。これらの語は,集団や民族の「慣習」や「習俗」などを意味するギリシア語の éthos に由来する。

道徳と倫理は,語源からみてもきわめて類似しており,一般に類似語とされている。しかし,あえて区分すれば,道徳は実践的な概念としての意味をもつのに対し,倫理は理念的・原理的な意味合いを強く含んでいる。

<道徳と法>

法と道徳との関係をめぐってはさまざまな立場があり,また「法」概念それ自体も多義であるが,ここではあえて簡潔に区別するならば,法は外的な規範であるのに対し,道徳は内的な規範である。また,法が社会生活において誰もが守り従うべきものとして規定されやすいのに対し,道徳は実際的な内容を含みつつも,理想的な内容を多く含みやすいものである。

<道徳と宗教>

従来から,道徳と宗教とは密接な関係にあるものとされ,両者の関係については,人それぞれの世界観によってさまざまな考え方がある。古くは(特に,西洋においては),民族・部族(国民)の大多数が是認する道徳の内容は,その社会の宗教の中にあるとされてきた。今日でも,宗教は,有限な地上の世界における快適さや便利さや栄誉を追求し,そこに「生きる意味」を見出している人には無縁でむしろ邪魔な存在であるが,宗教的信仰をもつ人に

とっては，道徳の基盤には宗教の教えが確固として存在している。カント（Immanuel Kant, 1724-1804）にあっても，自律主義的な道徳が強調されても，理性の理想としての最高善は神によってのみ実現されると説かれている。つまり，道徳の上に宗教が置かれている。一般的な言い方によって両者を区別すれば，道徳は，実生活における人と人との関係の中で，よりよい生き方を追求するのに対し，宗教は，現世を超えた世界観を射程に入れながら，神（仏）と人との関係の中で，よりよい生き方を追求することになる。

<道徳と科学>

科学は，自然を認識する体系である。したがって，科学は，「どのようにして」という事象の説明原理ないしは因果必然の法則を提示してくれる。さらにその提示を基にして，さらに新しい知見が示され，その繰り返しによって科学は発展し続けることになる。その科学のめざましい発展の底には自然の秩序に対する限りない信頼と同時に，そうした秩序を把握する側の人間の知性に対する限りない信頼が垣間みられる。そうした信頼の下に，科学は進歩主義的な価値観をもつことになり，時代によってあるものと離れたり，あるいは結び付いたりしながら進歩の道を邁進することになる。

そのような科学の特徴について，朝永振一郎は次のように述べている。

「科学そのものに良い，悪いはなく，これを使用する目的や方法に問題があるとする考え方は誤ってはいないと思うが，科学そのものと科学の使用とを明確に区別することは，考えられたものは何でも作るという状況では，難しいことである。むしろ，科学はそれ自身の中に毒を含んだもので，それが薬にもなりうると考えてはどうか。そして，人間は毒のある科学を薬にして生き続けねばならないとすれば，科学をやたらに使い過ぎることなく，副作用を最小限にとどめるように警戒していくことが必要なのではあるまいか。」（『朝永振一郎著作集　科学と人間』みすず書房，1982年）

朝永の言う「毒のある科学を薬に」や「警戒していくこと」という役割を演じるものに，道徳がある。その意味で，道徳は，科学との関係について喩えていえば，車のハンドルないしはブレーキの役割を演じることになるといえよう。

<道徳と情報>

社会における情報化が進展する中で，情報化の影の部分に対応するために道徳が重要とされる。その道徳は，一般に「情報モラル」と呼ばれている。情報との関係においては，送り手側の責任，そして受け手側の責任が問われるために，責任を果たすという道徳的価値が重要となる。

<道徳的価値と徳目>

道徳的価値は，望ましい生き方や行為にかかわる価値であるのに対し，徳目は道徳的価値を分類して細目として取りあげたものである。

＜道徳性＞

　狭義には，道徳性は，カントの倫理学用語である Moralität に当たる。行為が，外面的に道徳法則に一致しているという適法性と区別して，道徳法則に対する尊敬を動機としている場合に，道徳性が成立するとされている。また，ヘーゲル（Georg Wilhelm Friedrich Hegel, 1770-1831）にあっては， Moralität は，良心に従う個人的・主観的なものとされ，家族・社会・国家に体現される社会的倫理としての Sittlichkeit とは区別されている。

　しかし，現在の日本では，さらにもっと広義な意味で道徳性という言葉が用いられている。つまり，「道徳性とは，人間としての本来的な在り方やよりよい生き方を目指してなされる道徳的行為を可能にする人格的特性であり，人格の基盤をなすものである」とされている（『小学校学習指導要領解説　道徳編』）。

　なお，道徳性研究に際しては，道徳性を内面的自覚として捉えるか，または道徳意識と道徳的行動を統合したものとして捉えるか，によって2つの異なった考え方が存在している。学習指導要領の立場は前者である。

＜道徳的実践と道徳的実践力＞

　道徳的実践は外面的な資質であるのに対し，道徳的実践力は内面的な資質である。したがって，外面的な道徳的実践は，内面的な道徳的実践力を基盤にしている。別な表現をすれば，道徳的実践を「する力」が道徳的実践力ではなく，道徳的実践を「しようとする力」が道徳的実践力なのである。道徳的実践力が育つことによって，より確かな道徳的実践ができるのであり，またそのような道徳的実践を繰り返すことによって，道徳的実践力も強化されるわけである。つまり，道徳教育は，道徳的実践力と道徳的実践が相互に関連し合って，健全な道徳性を育成することになる。

＜開いた道徳と閉じた道徳＞

　ベルクソン（Henri-Louis Bergson, 1859-1941）によれば，宗教は静的宗教と動的宗教とに，社会は閉じた社会と開いた社会とに区別されるように，道徳も開いた道徳と閉じた道徳とに区分される。閉じた道徳とは，社会を維持するために慣習を定式化し，その社会の成員に責務を設定した不動のものであり，いわば静止したものである。したがって，閉じた道徳は，比較的容易に定式化できる。それに対して，開いた道徳とは，止めようとしても止められないような運動性と純粋な精神性をもったものであり，特定の場面で特定の人物に宿る創造的なものである。したがって，開いた道徳は，新しい社会や規律を生み出すという特徴を有している反面，既存の社会や規律を壊すという特徴も有している。わが国の道徳教育において一般に扱われている道徳は，前者の閉じた道徳である。

【資 料 編】

巻末資料（1） 第1期国定修身教科書

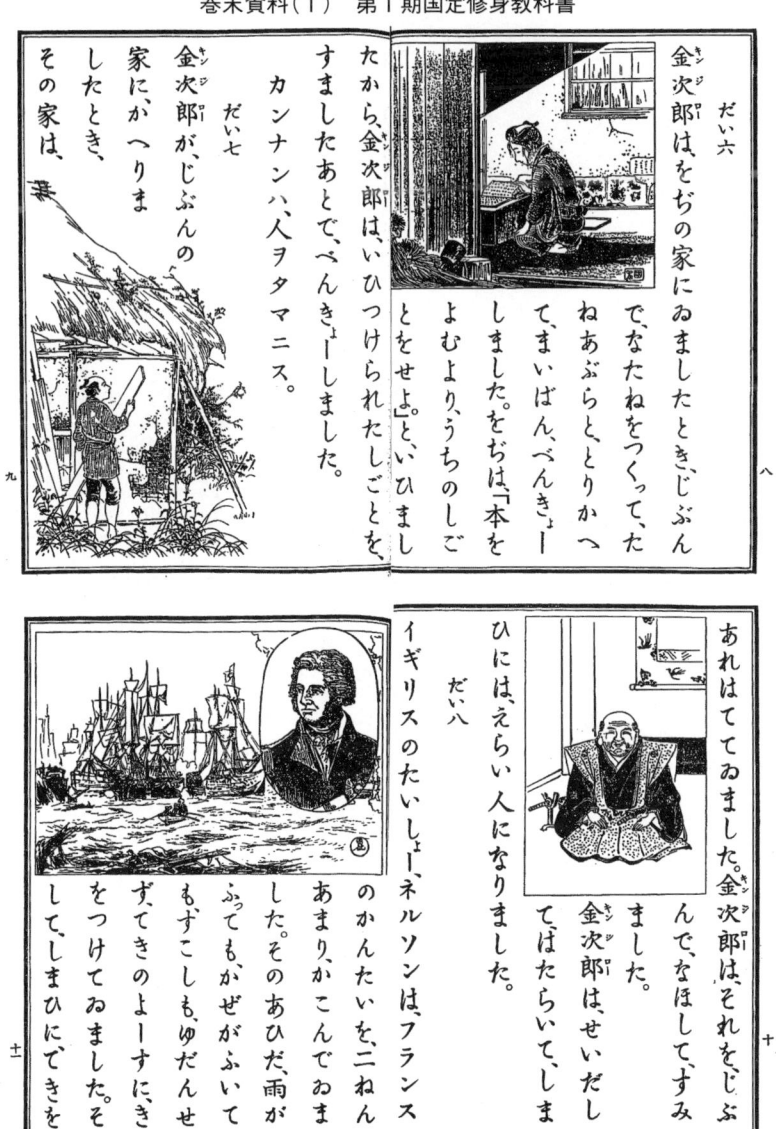

だい六

金次郎は、をぢの家にゐましたとき、じぶんで、なたねをつくって、たねあぶらをとりかへて、まいばん、べんきょーしました。をぢは「本をよむより、うちのしごとをせよ」といひましたから、金次郎は、いひつけられたしごとを、すましたあとで、べんきょーしました。

カンナンハ、人ヲタマニス。

だい七

金次郎が、じぶんの家にかへりましたとき、その家は、あれはててゐました。金次郎は、それをじぶんで、なほしてすみました。
金次郎は、せいだしてはたらいてしまひには、えらい人になりました。

だい八

イギリスのたいしょー、ネルソンは、フランスのかんたいを、二ねんあまり、かこんでゐました。そのあひだ、雨がふってもかぜがふいてもすこしもゆだんせずてきのよーすにきをつけてゐました。そしてしまひにてきを

出所）文部省『尋常小學修身書』明治36年（筑波大学附属図書館所蔵）

巻末資料（2）　第２期国定修身教科書

赤十字社事業の發達を思召さるること深くして、日本赤十字社總會には常に行啓あらせらる。明治三十七八年戰役の時、皇后陛下は出征軍人の身の上を思ひやり給ひて御手づから繃帶を造りて下し給ひ、又傷病者を病院に御慰問あらせられしなど、御仁德の高きは國民のあふぎ奉る所なり。

第三課　忠君愛國（其の二）

昔元の兵我が國に攻めよせたることありき。此の時九州の海岸を守りゐたる勇士の中に河野通有といふ人ありしが、忠君愛國の心深く故鄉を出でし時、敵もし十年の内によせ來らずば我よリ渡り行きて合戰せんとちかひを立て、待つこと八年の久しきに及べり。
弘安四年敵船海をおほひて至れり。通有はおどる時こそ來れと勇み立ち、手勢を二艘の船に

のせて海上にこぎ出でたり。やがてひときは目立ちたる敵の大船に近づきしに、敵ははげしく矢を放ちて之をふせぐ。通有は左の肩に傷を受けたれども事ともせず、己が船のほばしらを倒してはしごとなし敵の船に乗りうつり、手づから數人を斬りふせ、遂に其の中の大將とおぼしき者を生捕りて歸り來れり。

第四課　忠君愛國（其の三）

北條高時後醍醐天皇を廢し奉らんとて大軍をつかはせり。此の時天皇を守り奉る者少かりき。
楠木正成天皇の召に應じてただちに河內より來り、御前に出でし、天皇は深く之を嘉しみ、ことのりして高時を討たしめ給ふ。正成「勝負は戰の習なれば、たまたま敗るることありとも叡慮をなやまし給ふことなかれ。正成一人生きてありと聞召さば御運必ず開かるべしと思召し給へ」とたのもしげに言上して退けり。
かくて正成は僅かの兵を以て勤王の軍をあげ、はかりごとを運らして、しばしば高時の大軍をなやませしが、天皇の御味方をなす者次第に多く起り

て、遂に高時を打滅したり。天皇隱岐より都にかへり給ふ時、道に正成を召して大いに其の功をほめ、やがて正成に命じて御車の前驅をなさしめでたく都に入らせ給へり。

第五課　仁と勇

加藤清正は仁と勇とをかねたる人なりき。豐臣秀吉の朝鮮を征伐せしとき清正さき手の大將として朝鮮に攻入りたり。會寧府の城にある者二人の王子をしばりて清正に降參せしに清正は其の縄をときあつく之をもてなしたり。

明國の者清正の武勇をききて大いに恐れ使をつかはして清正に説き「明國の皇帝四十萬の大兵を出して、すでに日本軍を滅したれば汝も二人の王子をかへして國に歸れ、然らずば汝が軍を打破らん」と云ふ。清正「汝が國の大軍來らんには我之をみなごろしにし、かの二王子の如く汝が國の皇帝をも捕へん」と少しも恐れず答へたり。

出所）文部省『尋常小學修身書』明治44年（筑波大学附属図書館所蔵）

巻末資料（3） 第3期国定修身教科書

第二十 生き物をあはれめ

ナイチンゲールはイギリスの大地主のむすめで小さい時からなさけ深い人でございました。父が使つてゐた羊かひに一人の老人があつて、犬を一匹かつてゐました。或時その犬が足をいためて苦しんでゐましたその時ナイチンゲールは、年とつた僧と一しよに通りあはせて、それを見つけ、大そうかはいさうに思ひました。そこで僧にたづね大そうかはいさうに思ひました。そこで僧にたづね大そうかはいさうに思ひました。そこで僧にたづねてそれを見つけ、大そうかはいさうに思ひました。けれども白い毬が赤い毬より大きくならないのをはづかしく思ひまして、別に白い毬を出して鶴臺に見せました。自分をふりかへつて見て鶴臺に見せました。自分をふりかへつて見て、善い行をつとめることは初は苦しくても、習慣となればさほどに感じないやうになるものです。習性トナル。

りましたけれども白い毬が赤い毬より大きくならないのをはづかしく思ひまして、別に白い毬を出して鶴臺に見せました。自分をふりかへつて見て、善い行をつとめることは初は苦しくても、習慣となればさほどに感じないやうになるものです。

それから二三日たつて、ナイチンゲールは羊かひのところへ行きました。犬はきずがなほつたと見えて、羊の番をしてゐました。ナイチンゲールを見ると、うれしさうに尾をふりました。羊かひは「もしこの犬が物がいへたら、さぞ厚くお禮をいふでありませう」といひました。

第二十一 博愛

ナイチンゲールが三十四歳のころクリミヤ戰役といふいくさがありました。戰がはげしかつた上に、悪い病氣がはやつたので、負傷兵や病兵がたくさん出來ましたが、いしやかんごをする人も少ないために、大そうなんぎをしましたナイチンゲールはそれを聞いて、

大ぜいの女を引きつれて、はるばる戦地へ出かけ、かんごの事に骨折りました。ナイチンゲールはあまりひどくはたらいて病氣になったので、人が皆國に歸ることをすすめましたけれども、き、入れないで、病氣がなほると、又力をつくして傷病兵のかんごをいた

しました。戰爭がすんでイギリスへ歸った時、ナイチンゲールは女帝にはいえつをゆるされ、厚いおほめにあづかりました。又人々もその博愛の心の深いことにかんしんしました。

第二十二　國旗

この繪は紀元節に家々で日の丸の旗を立てたのを、子供たちが見てよろこばしさうに話をしてゐる所です。どこの國にもその國のしるしの旗がありま

す。これを國旗と申します。日の丸の旗は、我が國の國旗でございます。

我が國の祝日や祭日には、學校でも家々でも國旗を立てます。その外我が國の船が外國の港にとまる時に

も之を立てます。

國旗はその國のしるしでございますから、我等日本人は日の丸の旗を大切にしなければなりません。又禮儀を知る國民としては外國の國旗もきうたうにうやまはなければなりません。

第二十三　祝日大祭日

我が國の祝日は新年と紀元節と天長節天長節祝日とでございます。新年は一月一日・二日

出所）文部省『尋常小學修身書』大正9年（筑波大学附属図書館所蔵）

巻末資料（4）　第4期国定修身教科書

第一　我が國

天皇陛下は我が大日本帝國をお治めになる御方であらせられ我等は皆天皇陛下の臣民であります。

天皇陛下の御先祖は、天照大神にましまして、きはめてたふとい御方であらせられます。大神は遠い昔に、御孫瓊瓊杵尊をお降しになつて此の國を治めさせられました。其のとき、大神は尊に、

「豊葦原の千五百秋の瑞穂の國は是れ吾が子孫の王たるべき地なり。宜しく爾皇孫就きて治せ。さきくませ。寶祚の隆えまさんこと當に天壤と窮りなかるべし。」

といふ神勅をたまはりました。豊葦原の千五百秋の瑞穂の國とは我が大日本帝國のことで實祚とは皇位即ち天皇の御位のことであります。大日本帝國は天照大神の御子孫がお治めになり、皇位が天地と共に窮りなくお榮えになることは此の神勅にお示しになつた通りであります。

瓊瓊杵尊の御曾孫は神武天皇であらせられます。天皇以來、御子孫が引續いて皇位におつきになつて永遠に我が國をお治めになります。神武天皇が御即位の禮をおあげになつた年から、今年までおよそ二千六百年になります。此の間我が國は、皇室を中心として、全國が一つの大きな家族のやうになつて榮えて來ました。御代々の天皇は臣民を子のやうにお

第一 我が國

いつくしみになり、臣民は祖先以來、天皇を親のやうにしたひ奉り、心をあはせて、忠君愛國の道につくしました。世界に國はたくさんありますが、我が大日本帝國のやうに、萬世一系の天皇をいたゞき、皇室と臣民とが一體になつてゐる國は外にはありません。
我等はかやうなありがたい國に生まれ、かやうな尊い皇室をいたゞいてゐて、又かやうな美風をのこした臣民の子孫でありますから、あつぱれよい日本人となつて皇運を扶翼し奉り、我が國を益盛にしなければなりません。

第二 擧國一致

我が國は皇室の御祖先のおはじめになつた國であります。國民は祖先以來、皇運を扶翼し奉つて、此のりつぱな國をまもつて來ました。國に大事が起つた場合には、皆心を一にして、一身一家をかへりみず、忠君愛國の道につくしました。我が國が世界で最も舊い國であつて、一度も外國に國威を傷つけられたことがなく、年と共に益榮えて行くのは、皇室の御威光のお盛であらせられるためであるのは申すまでもありませんが、

出所）文部省『尋常小學修身書』昭和13年（筑波大学附属図書館所蔵）

資料編 141

巻末資料（5）　第5期国定修身教科書

二十　ヨイ 子ドモ

私タチハ、今度 ミンナ ソロッテ、三年生ニ ナリマス。

私タチハ、コノ 學校ヘ ハイッテカラ、ヨク ベンキャウヲ シマシタ。カラダヲ ヂャウブニ シマシタ。先生ヤ、オトウサン オカアサンノ イヒツケヲ ヨク 守ッテ、ヨイ 子ドモニ ナラウト 心ガケテ キマシタ。

私タチハ、先生カラ イロイロナ オ話ヲ 聞キマシタ。

天皇陛下ノ アリガタイ コトガ ワカリマシタ。天皇陛下ヲ イタダク 日本ノ國ハ、世界中デ 一番 タフトイ 國デアル

コトヲ 知リマシタ。私タチハ、天皇陛下ニ チュウギヲ ツクシ、コノ ヨイ 國ヲ、ミンナデ イッソウ ヨイ 國ニ シナケレバ ナラナイト 思ヒマス。

今日ハ、學校ノ シフゲフシキ デシタ。ショウショヲ イタダイテ、ウチヘ カヘリマシタ。オトウサン オカアサンハ、タイソウ オ喜ビニ ナッテ、

「コレカラモ、先生ノ 教ヘヲ 守ッテ、イッソウ ヨイ 子ドモニ オナリナサイ」

ト オッシャイマシタ。

終

出所）文部省『初等科修身』『ヨイコドモ』昭和16年（筑波大学附属図書館所蔵）

巻末資料(6)　尋五の文話系統案

尋五の文話系統案（農村用）

区分	番号	文話要項	指導留意
綴方生活訓	1	村の子どもは村のすべての生活の土台が働きであることを知って、村の生活をすること	○正しき生活への礎として。 ○「生活作品」をまず基礎づける。 ○生活様式、態度の農村性を求める。 ○生活を進めていくための綴方を意欲させる。
	2	村の子どもは村の中におとなと一緒に生活することを忘れるな	
	3	村の子どもは村の生活事実を観察し、反省してほんとのことをわからねばならない	
	4	村の子どもは綴方を何らかの勉強のためにかかねばならない。生活について村の子どもらしい考え方をもたねばならない	
	5	村の子どもは村の生活を調べて村の生活方法を知り、自分をきびしく反省して自分の生活をすすめていかねばならない	
	6	村の子どもは協働的な生活方法をしっかりと覚えていかねばならぬ	
	7	自然の美しさのほかに、自然の力を知り、農作物の育て方や家畜の飼育等も研究せねばならない	
綴方を採掘させる	1	綴方には生活の真実をかけー頭の中でつくったことはいけない	⑤詩か綴方に生かしたい。 ⑥よき観方の指導。 ⑦⑧を自覚的に進めていく。 ⑩⑪等をしっかり指導して六年にいかせたい。 ○題材研究会などしたい。 ○文話用文例、用意したい。
	2	心を動かされた事実を捉えよ（心に燃焼した題材）	
	3	事実について、しっかりした反省をこめて綴方の題にせよ	
	4	ある時、所、ある事件、ある人、ある心の綴方をみつけよ	
	5	生活に詩を探れ、詩で綴方を生かせ	
	6	小さなこと、平凡なことも心をこめて見よ	
	7	どんな生活が農村らしい生活だろうかー（労働体験、生産生活様式その他）	
	8	農村のおとなのものの見方、考え方（話しぶり）にも気をつけよ	
	9	自分のことだけでなく、世の中の生活事実を多く取材せよ	
	10	綴方の目的をきめて題をえらべー観点のある綴方を捉えよ	
	11	生活についての気持、考、決心等の入った綴方がほしい	
	12	素材から題材へのお話	
綴方を計画させる	1	自己反省の綴方をせよ	○尋四までの題材中心の文話から進んで、題材を如何に、どんな角度でみていくかを重くみてやりたい。 ○観察態度を培う文話を多くしたい。③④ ○農民技術の文は低中高と系統的にたゆまずやっていきたい。⑥⑦
	2	生活計画、生活実践のためにはー調べることの必要	
	3	観察の方法を吟味せよー上手下手、用意、不用意、熱心、不熱心	
	4	科学的な見方（たしかな見方、知的な見方、協働的な見方、ひとりよがりでない）	
	5	村のことをわかって、村をよくすることももて（郷土のしらべ）	
	6	農村の生活方法を覚えるための調べをせよー（自分の実験、家庭の実際、村の実情）	
	7	働く方法（仕事方法）を獲得せよ	
	8	学級生活の改良のために綴方を使え	
	9	自分の勉強のためにかく文とみんなの勉強に役立つ文のちがい	
	10	自然を研究せよ（自然観察の方法、態度）	
	11	役立つ文ー実用の手紙と心の手紙（手紙の様式ー挨拶、用件、後文）	
	12	日記は研究だ	
	13	課題されたらー（調べる綴方、方法、整理、判断）等の生活行動を語るお話	
表現を計画させる	1	文の観点をきめよー主題のきめ方	○記述前の文話、表現研究の文話をする。 ①とくにこの学年からは徹底させたい。 ○尋五からの新指導点。 ③⑤⑫ ○時間の順序のみの文から、よい表現のための順序を工夫させる。
	2	素材の調べや反省は精密か正確か	
	3	文の構成のプランのたて方（時間の順序と文の順序とちがわせてもよい）	
	4	詳述せよ。具象化の方法ー生活で描け。様子でかけ	
	5	文の経済化ー省略・切捨・文の中心のよい生かし方	
	6	説明でかく文と描写でかく文	
	7	文の調子はどうするか	
	8	心持の出し方、自然の写生のし方、会話の生かし方	
	9	観察調査事項の排列、整理批判のし方	
	10	一つの言葉、正確な言葉で、生活からの言葉で	
	11	味ある表現、力強い表現、正確な表現へ	
	12	表現の過不足	
	13	文題のつけ方	
記号技術の文話	1	段落、会話、仮名遣、助詞、助動詞の吟味、重視、脱落等の訂正について	○事実のうえにたって実施するもの。 ○別に時間をかけてやるのではない。 ○推敲のときなどふれる。
	2	原稿紙のかき方	
	3	方言の生かし方と方言の純化	
	4	漢字をつかえ	
	5	固有名詞、撥音、外来語表記	
	6	絵画、統計図表等の入れ方	
	7	生活言語か、空虚な言葉か	
文の研究・生活研究文話	1	この文はなぜ生まれたのか、何故かかずにはいられなかったのか	○生活勉強の立場から文をみていくために②③⑥等を重視。 ○農村らしい生活性の有無強弱、多少等について吟味していく。研究文話として⑩⑪など。 ○表現研究としては⑤大切。
	2	この文の目的ー観点を吟味せよ	
	3	作者の綴方用意はいいか（反省、観察、調査、批判、吟味等）	
	4	素材の研究ー筋、人物、場所、時間	
	5	文の構成の研究	
	6	この作品による作者の勉強（作者性のあらわれ、作者にもたらしているもの）	
	7	この文から教えられたこと、学ぶべき点（個人として学級として）	
	8	作者の生活、文の生活現実について共同で研究せよ	
	9	作品による学級の生活、反省、計画、実践	
	10	農村生活者らしい観方、考え方の吟味	
	11	生活と綴方の不離について講話	
綴方教室スローガン		生活勉強と本の勉強。真実な生活。真実な文。村には村の綴方 調べてわかってからだ。文は道具。文は建築。一息に綴れ 生活協働。この綴方でこの勉強。用意はいいか。「考え」をもつ子ども 働く技術と働く信念。さあやろう	○綴方態度に拍車をかけるスローガン。 ○綴方の正しい方向へ導く、力の言葉。 ○各級でもっと工夫したい。

出所）「文話指導系統案（1934年11月作成）」国分一太郎『生活綴方とともにⅠ』新評論，1984年

巻末資料（7） 教育基本法（新旧対照表）
改正前後の教育基本法の比較

（※下線部・枠囲いは主な変更箇所）

改正後の教育基本法 （平成１８年法律第１２０号）	改正前の教育基本法 （昭和２２年法律第２５号）
前文 　我々日本国民は、たゆまぬ努力によって築いてきた民主的で文化的な国家を更に発展させるとともに、世界の平和と人類の福祉の向上に貢献することを願うものである。 　我々は、この理想を実現するため、個人の尊厳を重んじ、真理と正義を希求し、<u>公共の精神を尊び、豊かな人間性と創造性を備えた</u>人間の育成を期するとともに、<u>伝統を継承し</u>、新しい文化の創造を目指す教育を推進する。 　ここに、我々は、日本国憲法の精神にのっとり、我が国の<u>未来を切り拓く</u>教育の基本を確立し、その振興を図るため、この法律を制定する。 第一章　教育の目的及び理念 　（教育の目的） 第一条　教育は、人格の完成を目指し、平和で民主的な国家及び社会の形成者として必要な資質を備えた心身ともに健康な国民の育成を期して行われなければならない。	前文 　われらは、さきに、日本国憲法を確定し、民主的で文化的な国家を建設して、世界の平和と人類の福祉に貢献しようとする決意を示した。この理想の実現は、根本において教育の力にまつべきものである。 　われらは、個人の尊厳を重んじ、真理と平和を希求する人間の育成を期するとともに、普遍的にしてしかも個性ゆたかな文化の創造をめざす教育を普及徹底しなければならない。 　ここに、日本国憲法の精神に則り、教育の目的を明示して、新しい日本の教育の基本を確立するため、この法律を制定する。 第一条（教育の目的）　教育は、人格の完成をめざし、平和的な国家及び社会の形成者として、真理と正義を愛し、個人の価値をたつとび、勤労と責任を重んじ、自主的精神に充ちた心身ともに健康な国民の育成を期して行われなければならない。

改正後の教育基本法 （平成１８年法律第１２０号）	改正前の教育基本法 （昭和２２年法律第２５号）
（教育の目標） 第二条　教育は、その目的を実現するため、学問の自由を尊重しつつ、次に掲げる目標を達成するよう行われるものとする。 一　幅広い知識と教養を身に付け、真理を求める態度を養い、豊かな情操と道徳心を培うとともに、健やかな身体を養うこと。 二　個人の価値を尊重して、その能力を伸ばし、創造性を培い、自主及び自律の精神を養うとともに、職業及び生活との関連を重視し、勤労を重んずる態度を養うこと。 三　正義と責任、男女の平等、自他の敬愛と協力を重んずるとともに、公共の精神に基づき、主体的に社会の形成に参画し、その発展に寄与する態度を養うこと。 四　生命を尊び、自然を大切にし、環境の保全に寄与する態度を養うこと。 五　伝統と文化を尊重し、それらをはぐくんできた我が国と郷土を愛するとともに、他国を尊重し、国際社会の平和と発展に寄与する態度を養うこと。	第二条（教育の方針）　教育の目的は、あらゆる機会に、あらゆる場所において実現されなければならない。この目的を達成するためには、学問の自由を尊重し、実際生活に即し、自発的精神を養い、自他の敬愛と協力によって、文化の創造と発展に貢献するように努めなければならない。

改正後の教育基本法 （平成18年法律第120号）	改正前の教育基本法 （昭和22年法律第25号）
（生涯学習の理念） 第三条　国民一人一人が、自己の人格を磨き、豊かな人生を送ることができるよう、その生涯にわたって、あらゆる機会に、あらゆる場所において学習することができ、その成果を適切に生かすことのできる社会の実現が図られなければならない。	（新設）
（教育の機会均等） 第四条　すべて国民は、ひとしく、その能力に応じた教育を受ける機会を与えられなければならず、人種、信条、性別、社会的身分、経済的地位又は門地によって、教育上差別されない。	第三条（教育の機会均等）　すべて国民は、ひとしく、その能力に応ずる教育を受ける機会を与えられなければならないものであつて、人種、信条、性別、社会的身分、経済的地位又は門地によつて、教育上差別されない。
2　国及び地方公共団体は、障害のある者が、その障害の状態に応じ、十分な教育を受けられるよう、教育上必要な支援を講じなければならない。	（新設）
3　国及び地方公共団体は、能力があるにもかかわらず、経済的理由によって修学が困難な者に対して、奨学の措置を講じなければならない。	2　国及び地方公共団体は、能力があるにもかかわらず、経済的理由によつて修学困難な者に対して、奨学の方法を講じなければならない。

改正後の教育基本法 （平成１８年法律第１２０号）	改正前の教育基本法 （昭和２２年法律第２５号）
第二章　教育の実施に関する基本 　（義務教育） 第五条　国民は、その保護する子に、<u>別に法律で定めるところにより</u>、普通教育を受けさせる義務を負う。	第四条（義務教育）　国民は、その保護する子女に、九年の普通教育を受けさせる義務を負う。
２　義務教育として行われる普通教育は、各個人の有する能力を伸ばしつつ社会において自立的に生きる基礎を培い、また、国家及び社会の形成者として必要とされる基本的な資質を養うことを目的として行われるものとする。	（新設）
３　国及び地方公共団体は、義務教育の機会を保障し、その水準を確保するため、適切な役割分担及び相互の協力の下、その実施に責任を負う。	（新設）
４　国又は地方公共団体の設置する学校における義務教育については、授業料を徴収しない。	２　国又は地方公共団体の設置する学校における義務教育については、授業料は、これを徴収しない。
（削除）	第五条（男女共学）　男女は、互に敬重し、協力し合わなければならないものであって、教育上男女の共学は、認められなければならない。

改正後の教育基本法 （平成18年法律第120号）	改正前の教育基本法 （昭和22年法律第25号）
（学校教育） 第六条　法律に定める学校は、公の性質を有するものであって、国、地方公共団体及び法律に定める法人のみが、これを設置することができる。	第六条（学校教育）　法律に定める学校は、公の性質をもつものであつて、国又は地方公共団体の外、法律に定める法人のみが、これを設置することができる。
2　前項の学校においては、教育の目標が達成されるよう、教育を受ける者の心身の発達に応じて、体系的な教育が組織的に行われなければならない。この場合において、教育を受ける者が、学校生活を営む上で必要な規律を重んずるとともに、自ら進んで学習に取り組む意欲を高めることを重視して行われなければならない。	（新設）
「（教員）第九条」として独立	2　法律に定める学校の教員は、全体の奉仕者であつて、自己の使命を自覚し、その職責の遂行に努めなければならない。このためには、教員の身分は、尊重され、その待遇の適正が、期せられなければならない。

改正後の教育基本法 （平成１８年法律第１２０号）	改正前の教育基本法 （昭和２２年法律第２５号）
（大学） 第七条　大学は、学術の中心として、高い教養と専門的能力を培うとともに、深く真理を探究して新たな知見を創造し、これらの成果を広く社会に提供することにより、社会の発展に寄与するものとする。 ２　大学については、自主性、自律性その他の大学における教育及び研究の特性が尊重されなければならない。	（新設）
（私立学校） 第八条　私立学校の有する公の性質及び学校教育において果たす重要な役割にかんがみ、国及び地方公共団体は、その自主性を尊重しつつ、助成その他の適当な方法によって私立学校教育の振興に努めなければならない。	（新設）
（教員） 第九条　法律に定める学校の教員は、自己の<u>崇高な使命</u>を深く自覚し、<u>絶えず研究と修養に励み</u>、その職責の遂行に努めなければならない。 ２　前項の教員については、その使命と職責の重要性にかんがみ、その身分は尊重され、待遇の適正が期せられるとともに、<u>養成と研修の充実が図られなければならない</u>。	【再掲】第六条（略） ２　法律に定める学校の教員は、全体の奉仕者であって、自己の使命を自覚し、その職責の遂行に努めなければならない。このためには、教員の身分は、尊重され、その待遇の適正が、期せられなければならない。

改正後の教育基本法 （平成18年法律第120号）	改正前の教育基本法 （昭和22年法律第25号）
（家庭教育） 第十条　父母その他の保護者は、子の教育について第一義的責任を有するものであって、生活のために必要な習慣を身に付けさせるとともに、自立心を育成し、心身の調和のとれた発達を図るよう努めるものとする。 2　国及び地方公共団体は、家庭教育の自主性を尊重しつつ、保護者に対する学習の機会及び情報の提供その他の家庭教育を支援するために必要な施策を講ずるよう努めなければならない。	（新設）
（幼児期の教育） 第十一条　幼児期の教育は、生涯にわたる人格形成の基礎を培う重要なものであることにかんがみ、国及び地方公共団体は、幼児の健やかな成長に資する良好な環境の整備その他適当な方法によって、その振興に努めなければならない。	（新設）
（社会教育） 第十二条　個人の要望や社会の要請にこたえ、社会において行われる教育は、国及び地方公共団体によって奨励されなければならない。 2　国及び地方公共団体は、図書館、博物館、公民館その他の社会教育施設の設置、学校の施設の利用、学習の機会及び情報の提供その他の適当な方法によって社会教育の振興に努めなければならない。	第七条（社会教育）　家庭教育及び勤労の場所その他社会において行われる教育は、国及び地方公共団体によって奨励されなければならない。 2　国及び地方公共団体は、図書館、博物館、公民館等の施設の設置、学校の施設の利用その他適当な方法によって教育の目的の実現に努めなければならない。

改正後の教育基本法 （平成18年法律第120号）	改正前の教育基本法 （昭和22年法律第25号）
（学校、家庭及び地域住民等の相互の連携協力） 第十三条　学校、家庭及び地域住民その他の関係者は、教育におけるそれぞれの役割と責任を自覚するとともに、相互の連携及び協力に努めるものとする。	（新設）
（政治教育） 第十四条　良識ある公民として必要な政治的教養は、教育上尊重されなければならない。 2　法律に定める学校は、特定の政党を支持し、又はこれに反対するための政治教育その他政治的活動をしてはならない。	第八条（政治教育）　良識ある公民たるに必要な政治的教養は、教育上これを尊重しなければならない。 2　法律に定める学校は、特定の政党を支持し、又はこれに反対するための政治教育その他政治的活動をしてはならない。
（宗教教育） 第十五条　宗教に関する寛容の態度、<u>宗教に関する一般的な教養</u>及び宗教の社会生活における地位は、教育上尊重されなければならない。 2　国及び地方公共団体が設置する学校は、特定の宗教のための宗教教育その他宗教的活動をしてはならない。	第九条（宗教教育）　宗教に関する寛容の態度及び宗教の社会生活における地位は、教育上これを尊重しなければならない。 2　国及び地方公共団体が設置する学校は、特定の宗教のための宗教教育その他宗教的活動をしてはならない。

改正後の教育基本法 （平成１８年法律第１２０号）	改正前の教育基本法 （昭和２２年法律第２５号）
第三章　教育行政 （教育行政） 第十六条　教育は、不当な支配に服することなく、<u>この法律及び他の法律の定めるところにより行われるべきものであり、教育行政は、国と地方公共団体との適切な役割分担及び相互の協力の下、公正かつ適正に行われなければならない。</u>	第十条（教育行政）　教育は、不当な支配に服することなく、国民全体に対し直接に責任を負うて行われるべきものである。 ２　教育行政は、この自覚のもとに、教育の目的を遂行するに必要な諸条件の整備確立を目標として行われなければならない。
２　国は、全国的な教育の機会均等と教育水準の維持向上を図るため、教育に関する施策を総合的に策定し、実施しなければならない。	（新設）
３　地方公共団体は、その地域における教育の振興を図るため、その実情に応じた教育に関する施策を策定し、実施しなければならない。	（新設）
４　国及び地方公共団体は、教育が円滑かつ継続的に実施されるよう、必要な財政上の措置を講じなければならない。	（新設）

改正後の教育基本法 （平成１８年法律第１２０号）	改正前の教育基本法 （昭和２２年法律第２５号）
（教育振興基本計画） 第十七条　政府は、教育の振興に関する施策の総合的かつ計画的な推進を図るため、教育の振興に関する施策についての基本的な方針及び講ずべき施策その他必要な事項について、基本的な計画を定め、これを国会に報告するとともに、公表しなければならない。 ２　地方公共団体は、前項の計画を参酌し、その地域の実情に応じ、当該地方公共団体における教育の振興のための施策に関する基本的な計画を定めるよう努めなければならない。	（新設）
第四章　法令の制定 第十八条　この法律に規定する諸条項を実施するため、必要な法令が制定されなければならない。	第十一条（補則）　この法律に掲げる諸条項を実施するために必要がある場合には、適当な法令が制定されなければならない。

出所）文部科学省教育基本法資料室
　　　（http://www.mext.go.jp/b_menu/kihon/about/index.htm, 2010.1.28)

巻末資料（8）　心のノート

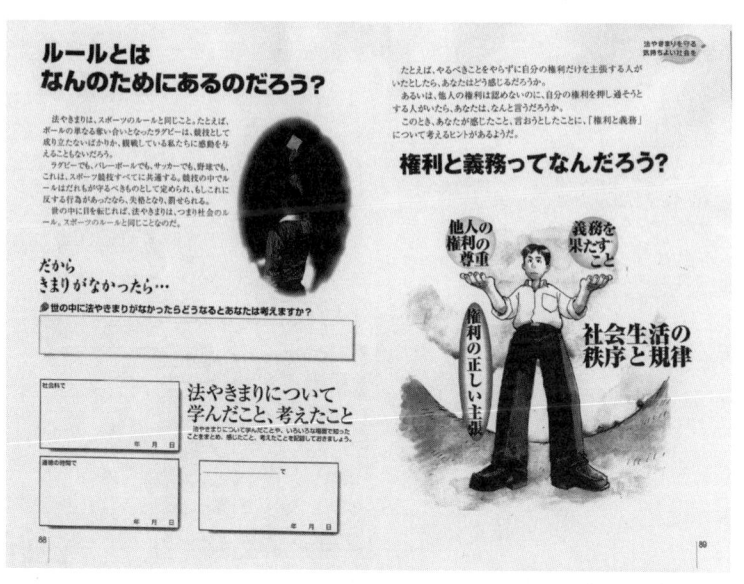

ルールとは
なんのためにあるのだろう?

法やきまりは、スポーツのルールと同じこと。たとえば、ボールの奪い合いとなったラグビーは、競技として成り立たないばかりか、観戦している私たちに感動を与えることもないだろう。

ラグビーでも、バレーボールでも、サッカーでも、野球でも、これは、スポーツ競技すべてに共通する。競技の中でルールはだれもが守るべきものとして定められ、もしこれに反する行為があったなら、失格となり、罰せられる。

世の中に目を転じれば、法やきまりは、つまり社会のルール。スポーツのルールと同じことなのだ。

だから
きまりがなかったら…

世の中に法やきまりがなかったらどうなるとあなたは考えますか?

法やきまりについて
学んだこと、考えたこと

法やきまりについて学んだことや、いろいろな場面で知ったことをまとめ、感じたこと、考えたことを記録しておきましょう。

たとえば、やるべきことをやらずに自分の権利だけを主張する人がいたとしたら、あなたはどう感じるだろうか。

あるいは、他人の権利は認めないのに、自分の権利を押し通そうとする人がいたら、あなたは、なんと言うだろうか。

このとき、あなたが感じたこと、言おうとしたことに、「権利と義務」について考えるヒントがあるようだ。

権利と義務ってなんだろう?

- 他人の権利の尊重
- 義務を果たすこと
- 権利の正しい主張

社会生活の秩序と規律

この学級に正義はあるか
正義はあるか!

つらい思いをしている仲間はいないか?

身近な正義の実現
小さな正義の積み上げが大きな正義の塔をつくる

資料編 155

うそなんか つくもんか

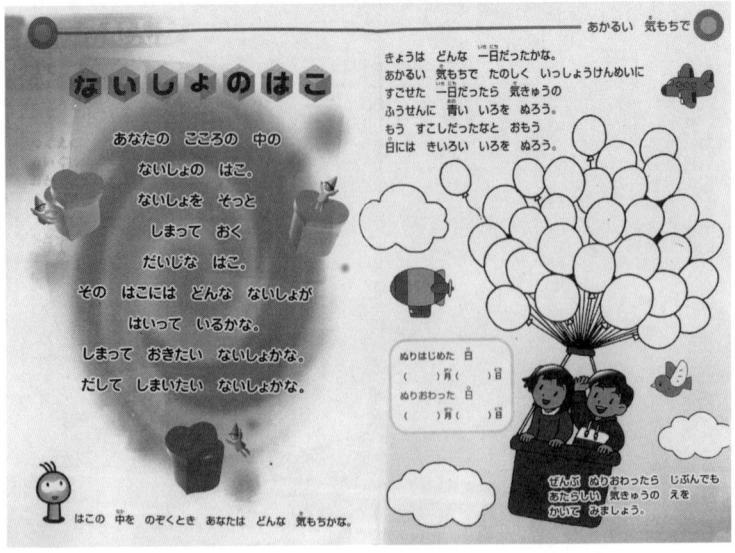

― あかるい 気もちで

うそ ついちゃった。
本とうは ぼくが やぶいたのに
おとうとが やった、って いっちゃった。

つくえの 上の ロボットが 目を 赤くした。
ぬいぐるみの タロベーが くびを かくんと まげた。
おとうとが おしゃぶりを おとして
「フギャー」と ないた。

本とうの ことを しっている みんなが おこって
ぼくを にらんで いるみたい。
もう うそなんか つかないぞ。

おもいきって
「ごめんなさい」って
いって ごらん。
きっと げん気が
わいて くるよ！

ないしょのはこ

あなたの こころの 中の
ないしょの はこ。
ないしょを そっと
しまって おく
だいじな はこ。
その はこには どんな ないしょが
はいって いるかな。
しまって おきたい ないしょかな。
だして しまいたい ないしょかな。

はこの 中を のぞくとき あなたは どんな 気もちかな。

― あかるい 気もちで

きょうは どんな 一日だったかな。
あかるい 気もちで たのしく いっしょうけんめいに
すごせた 一日だったら 気きゅうの
ふうせんに 青い いろを ぬろう。
もう すこしだったなと おもう
日には きいろい いろを ぬろう。

ぬりはじめた 日
（　）月（　）日
ぬりおわった 日
（　）月（　）日

ぜんぶ ぬりおわったら じぶんでも
あたらしい 気きゅうの えを
かいて みましょう。

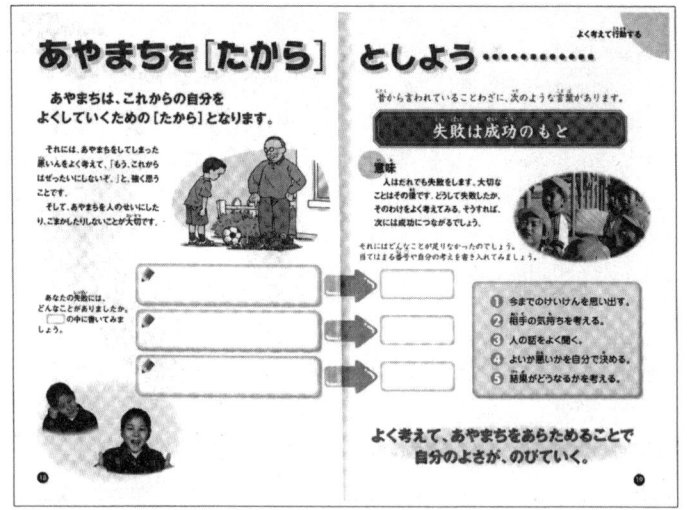

出所）文部科学省『心のノート』2002年

巻末資料(9)　学習指導案の作成例

学習指導案の作成

指導案作成までの手順と要点

児童生徒の実態と教員の願いから

Q　道徳の時間の指導案を作成するには，どんな手順で進めればよいのですか。

児童生徒の実態把握　(P8参照)	教員の願い
・観察，アンケート ・諸検査 ・教科担任等からの情報	・社会の要請 ・指導重点 ・担任の願い

ねらいの設定	主題の設定　(P8参照)
・子供の実態と教員の願いに基づいて設定する。 ・後に資料が決まった段階でさらに具体化する。	・ねらいとする価値があからさまに出ないように留意する。(△友情を大切にしよう) ・ねらいを子供から見た学習テーマの形で表現する。(○親友だからこそできること)

資料選び，資料分析　(P9, P10, P28参照)

- ・指導者自身も心をうたれるもの，考えさせられるものを選ぶ。
- ・資料が人間の自然性のどれに関わるものかを検討する。
- ・授業に取り入れる体験の検討
- ・場面，登場人物の心の動き，関連する価値などを資料の展開に即して書き出す。
- ・価値の自覚を深めるために重要な場面を2～3選び出す。

発問の構成　(P11参照)

- ・登場人物の葛藤や心の動きを共感的に理解するための中心的な発問を3～4程度設定する。
- ・資料から離れ，今までの自分を振り返るための発問を構成する。

指導過程の構成　(P13参照)

- ・児童生徒の意識の流れに沿って一貫性をもたせることにより，自分にとって大切なものであると納得できるような一連の過程を構想する。
- ・児童生徒の実態，道徳性の傾向をもとに意図的指名の計画も立ててみる。
- ・導入，展開，終末のねらいが達成できるかを再検討する。

各段階における指導方法の工夫

(例)
- ・役割演技等の体験的活動の位置づけ
- ・学習シートや自己評価表の工夫
- ・資料提示の方法
- ・討議の形式や方法
- ・TTや地域の人材活用の可能性
- ・終末をどう締めくくるか
- ・各段階のねらいを明確にする。
- ・ねらいとする価値の内容や資料の特徴に合わせて工夫する。

評価の観点の設定　(P54～P65参照)

- ・何を評価するか (評価規準)
- ・何をもとに評価するか (基準，観点)
- ・どのようにして評価するか (方法)
- （例）観察，発言，学習シートの記述など

事前準備，事後指導の構想　(P12, P18参照)

- ・一時間の指導を生かすために，事前に何をしておくか (意欲づけ，事前調査，資料掲示等)
- ・授業後には何をするか (事後評価，各教科等との関連，発展等)

学習指導案の作成

指導案作成のポイント
自分らしさが出る個性的な指導案のすすめ

Q 道徳の時間の指導案作成上の留意点を教えてください。

学習指導案とは
　ねらいを達成するために何を、どんな順序で、どのように指導するかを構想し、一定の形式にまとめたものです。特別に定められた基準や形式はありませんが、児童生徒一人一人の願いに応えようとする姿勢にたって作成することが大切です。
　また、児童生徒の実態や教員の願いから出発する道徳授業の指導案は、その学級でだけ機能する固有のものです。マニュアルに頼らず、個性的な指導案を開発しましょう。

個性的な指導案にする方法
　その時間に扱う内容、ねらい、資料などによって、いろいろな指導の方式があるので常に特定の形式によって指導案を作成することには無理が生じます。ここでは、指導案作成時の「姿勢」あるいは「心がけ」によって自分らしい指導案にしていく方法について紹介します。

一貫性をもたせる
（1）児童生徒の実態と教員の願いをもとに一貫性をもたせて書く。
　指導案の中に「なぜこの授業をするのか」が明確に示されていることが必要です。ねらいや主題は、指導書からの引用ではなく、児童生徒の実態や教員の願いに基づいたもので、授業者の十分な検討を経て、授業者の言葉でまとめられていることが大切です。
　特に、主題設定の理由に、実態、ねらい、資料、教員の願いなどについて、この授業を計画する動機を一貫性をもって明確に述べることによって自分らしい指導案になっていきます。

具体的に示す
（2）指導の方法を具体的に示す。
　展開部分の形式は様々なものが開発されていますが、多くの場合、教員の活動が「主な発問」に集約されてしまっています。予想される子供の反応は示されていますが、その後、どういう方法で「目指す子供の姿」に行きつこうとしているのか具体的な方法が示されていないのです。「支援の方法」を詳細に示すことにより個性的かつ実効的な指導案となります。
　「支援の方法」に記述する具体的な方法例は、次のようなものです。
　　（例1）資料提示をする。
　　　　　場面絵を掲示しながら、教員の語りによって資料を理解する。
　　（例2）登場人物の心情について考えさせる。
　　　　　役割演技により、母親の心情を理解する。
　　（例3）授業後の感想について話し合う。
　　　　　学習シートへの書き込みとシェアリングにより自分の心の動きを確認する。

意識の流れに沿った展開
（3）児童生徒の意識の流れに沿った展開にする。
　道徳の時間の積み重ねによって、児童生徒が「人間としての生き方」を自覚するためには一時間の授業が、子供の意識の流れに沿って展開されなくてはなりません。平均的な小中学生ではなく、今ここにいる、この子供たちが何を感じ、どう考えるかを予想しながら指導案を作成しましょう。

学習指導案の作成

指導案の項目と内容

一般的な学習指導案の内容例

Q 指導案は，どんな項目で構成すればよいのですか。

指導案の形式には，特に決まった基準はありませんが，一般的には次のような内容で構成します。

第○学年道徳学習指導案

指導者氏名　印

1　主題名　　「　　　　　　　　」　2－（3）友情・信頼

　年間指導計画に示された主題名を記述しますが，主題名が児童生徒にある種の先入観を与えたり，ねらいとする価値が露骨に表れてしまったりするような場合は，資料名で示すことも考えられます。主題名は子供側から見た学習テーマと考えられるので，児童生徒の実態に合わせて内容を吟味し，価値を示唆しながら，しかも児童生徒の関心を引くような表現が望ましいでしょう。

2　資料名　　「　　　　　　　　」　（出典　　　　）

3　主題設定の理由
　　なぜこの主題を設定したかを，児童生徒の実態と教員の願いをもとに一貫性をもたせて記述します。
　（1）ねらいとする価値
　　　本時に取り上げる主題や価値が道徳教育上どのような意味をもっているのか，また，それに対する教員の願いや指導意図はどこにあるのかについて述べます。さらに，主題のねらいが他の教育活動における道徳教育や，他の道徳の時間とどのような関連をもっているのかについても示す必要があります。また，心のノートとの関連的指導が考えられる場合には，それも合わせて記述しておきます。
　（2）ねらいに関わる児童生徒の実態
　　　児童生徒のどのような実態から，この主題が具体化され設定されたのか，また，児童生徒に，このねらいで指導することの必要性やねらいに関わる道徳上の問題点などを記述します。
　（3）資料について
　　　この資料を選択した理由と活用のしかたについて述べます。特に，資料が人間のどんな自然性に関連しているのかを明確にすることにより発問や展開の方向性が明らかになります。

4　本時のねらい
　　この授業をとおして，どのような道徳的心情，判断力，実践意欲と態度を育てようとしているのかを記述します。

5　展開
　　「主な発問と学習活動」「指導援助の方法と留意点」「期待する子供の姿」で構成するのがよいと思われます。

6　評価計画
　　本時のねらいと対応させて，「どの場面で」「何について」「どんな方法で」評価するのかを記述します。

学習指導案の作成

指導案のチェックリスト

1. 指導案の形式
   - □ 主題名，資料名（出典），主題設定の理由，ねらい，展開（学習活動，主な発問，指導援助の方法，期待する子供の姿），評価の観点がもれなく記述されているか。
2. 主題名
   - □ 本時のねらいが，子供の側から見た学習テーマのかたちで表現されているか。
   - □ 結論やねらいがあからさまに表現され，子供の意欲を失わせる心配はないか。
3. 資料
   - □ 児童生徒が，自分と重ね合わせて考えられる資料であるか。
   - □ 多様な価値観が引き出される資料であるか。
   - □ 教師自身も心を動かされるような資料であるか。
   - □ 学級のすべての子供が読みこなせる資料であるか。
4. 主題設定の理由
   - □ 児童生徒の実態と教師の願いをもとに，なぜ，この主題を設定したかが明確になっているか。
   - □ 各教科，特別活動，総合的な学習の時間などとの関連が述べられているか。
   - □ この資料を選択した理由と活用の仕方が明らかにされているか。
5. ねらいについて
   - □ 人間のもつ自然性の観点から資料を検討し，資料にふさわしいねらいが設定されているか。
6. 導入部分について
   - □ ねらいとする価値や資料への方向付けが行われているか。
   - □ 自分にも関わりがありそうだ，という意識をもたせられる導入になっているか。
   - □ 短時間で効果的に行われているか。
7. 展開前段について
   - □ 学年の発達段階に応じた資料提示の工夫がなされているか。
   - □ 価値を追究するために選び出した場面で，適切であるか。
   - □ あらすじを問うような発問は，極力ひかえているか。
   - □ 登場人物に託して，自分の判断や心情，葛藤が語れるような発問構成ができているか。
   - □ 体験を生かしたり，取り入れたりするなど登場人物の心情を共感的に理解する工夫がされているか。
   - □ 資料理解に時間をかけすぎていないか。
8. 展開後段について
   - □ 前段で追究した価値に照らして，今までの自分がどうであったかを見つめる発問がなされているか。
   - □ 自己を振り返らせる発問が，失敗を公表させたり懺悔させたりする発問になっていないか。
   - □ 自己を振り返らせる発問は，自他のよさや可能性に気づけるような発問になっているか。
   - □ 少なくとも10分程度の時間が確保できるか。
9. 終末部分について
   - □ 価値を押しつけたり，行為を強制したりするまとめになっていないか。
   - □ 児童生徒が本時の授業を振り返り，「自分にとっても大切なことだ」「自分もいつかそのようになりたい」と思えるような終末の工夫がされているか。
10. 評価について
    - □ 授業をとおした自己の変容や成長を自覚できる振り返りが行われているか。
    - □ 価値の自覚をどのように深めたか，道徳的実践力をどのような形で身に付けたかを評価する場面が位置づけられているか。

出所）山梨県総合教育センターのホームページより掲載
（http://www.ypec.ed.jp/syoukai/doutoku/2-5.pdf, 2010.1.28）

巻末資料(10)　小学校学習指導要領（平成20年3月告示）抜粋

第1章　総　　則
　第1　教育課程編成の一般方針
　　2．学校における道徳教育は，道徳の時間を要として学校の教育活動全体を通じて行うものであり，道徳の時間はもとより，各教科，外国語活動，総合的な学習の時間及び特別活動のそれぞれの特質に応じて，児童の発達の段階を考慮して，適切な指導を行わなければならない。
　　　道徳教育は，教育基本法及び学校教育法に定められた教育の根本精神に基づき，人間尊重の精神と生命に対する畏敬の念を家庭，学校，その他社会における具体的な生活の中に生かし，豊かな心をもち，伝統と文化を尊重し，それらをはぐくんできた我が国と郷土を愛し，個性豊かな文化の創造を図るとともに，公共の精神を尊び，民主的な社会及び国家の発展に努め，他国を尊重し，国際社会の平和と発展や環境の保全に貢献し未来を拓く主体性のある日本人を育成するため，その基盤としての道徳性を養うことを目標とする。
　　　道徳教育を進めるに当たっては，教師と児童及び児童相互の人間関係を深めるとともに，児童が自己の生き方についての考えを深め，家庭や地域社会との連携を図りながら，集団宿泊活動やボランティア活動，自然体験活動などの豊かな体験を通して児童の内面に根ざした道徳性の育成が図られるよう配慮しなければならない。その際，特に児童が基本的な生活習慣，社会生活上のきまりを身に付け，善悪を判断し，人間としてしてはならないことをしないようにすることなどに配慮しなければならない。
第3章　道　　徳
　第1　目　標
　　　道徳教育の目標は，第1章総則の第1の2に示すところにより，学校の教育活動全体を通じて，道徳的な心情，判断力，実践意欲と態度などの道徳性を養うこととする。
　　　道徳の時間においては，以上の道徳教育の目標に基づき，各教科，外国語活動，総合的な学習の時間及び特別活動における道徳教育と密接な関連を図りながら，計画的，発展的な指導によってこれを補充，深化，統合し，道徳的価値の自覚及び自己の生き方についての考えを深め，道徳的実践力を育成するものとする。

第2　内　容
　　道徳の時間を要として学校の教育活動全体を通じて行う道徳教育の内容は，次のとおりとする。
〔第1学年及び第2学年〕
1．主として自分自身に関すること。
　(1)　健康や安全に気を付け，物や金銭を大切にし，身の回りを整え，わがままをしないで，規則正しい生活をする。
　(2)　自分がやらなければならない勉強や仕事は，しっかりと行う。
　(3)　よいことと悪いことの区別をし，よいと思うことを進んで行う。
　(4)　うそをついたりごまかしをしたりしないで，素直に伸び伸びと生活する。
2．主として他の人とのかかわりに関すること。
　(1)　気持ちのよいあいさつ，言葉遣い，動作などに心掛けて，明るく接する。
　(2)　幼い人や高齢者など身近にいる人に温かい心で接し，親切にする。
　(3)　友達と仲よくし，助け合う。
　(4)　日ごろ世話になっている人々に感謝する。
3．主として自然や崇高なものとのかかわりに関すること。
　(1)　生きることを喜び，生命を大切にする心をもつ。
　(2)　身近な自然に親しみ，動植物に優しい心で接する。
　(3)　美しいものに触れ，すがすがしい心をもつ。
4．主として集団や社会とのかかわりに関すること。
　(1)　約束やきまりを守り，みんなが使う物を大切にする。
　(2)　働くことのよさを感じて，みんなのために働く。
　(3)　父母，祖父母を敬愛し，進んで家の手伝いなどをして，家族の役に立つ喜びを知る。
　(4)　先生を敬愛し，学校の人々に親しんで，学級や学校の生活を楽しくする。
　(5)　郷土の文化や生活に親しみ，愛着をもつ。
〔第3学年及び第4学年〕
1．主として自分自身に関すること。
　(1)　自分でできることは自分でやり，よく考えて行動し，節度のある生活をする。
　(2)　自分でやろうと決めたことは，粘り強くやり遂げる。
　(3)　正しいと判断したことは，勇気をもって行う。

(4) 過ちは素直に改め，正直に明るい心で元気よく生活する。
 (5) 自分の特徴に気付き，よい所を伸ばす。
2．主として他の人とのかかわりに関すること。
 (1) 礼儀の大切さを知り，だれに対しても真心をもって接する。
 (2) 相手のことを思いやり，進んで親切にする。
 (3) 友達と互いに理解し，信頼し，助け合う。
 (4) 生活を支えている人々や高齢者に，尊敬と感謝の気持ちをもって接する。
3．主として自然や崇高なものとのかかわりに関すること。
 (1) 生命の尊さを感じ取り，生命あるものを大切にする。
 (2) 自然のすばらしさや不思議に感動し，自然や動植物を大切にする。
 (3) 美しいものや気高いものに感動する心をもつ。
4．主として集団や社会とのかかわりに関すること。
 (1) 約束や社会のきまりを守り，公徳心をもつ。
 (2) 働くことの大切さを知り，進んでみんなのために働く。
 (3) 父母，祖父母を敬愛し，家族みんなで協力し合って楽しい家庭をつくる。
 (4) 先生や学校の人々を敬愛し，みんなで協力し合って楽しい学級をつくる。
 (5) 郷土の伝統と文化を大切にし，郷土を愛する心をもつ。
 (6) 我が国の伝統と文化に親しみ，国を愛する心をもつとともに，外国の人々や文化に関心をもつ。

〔第5学年及び第6学年〕
1．主として自分自身に関すること。
 (1) 生活習慣の大切さを知り，自分の生活を見直し，節度を守り節制に心掛ける。
 (2) より高い目標を立て，希望と勇気をもってくじけないで努力する。
 (3) 自由を大切にし，自律的で責任のある行動をする。
 (4) 誠実に，明るい心で楽しく生活する。
 (5) 真理を大切にし，進んで新しいものを求め，工夫して生活をよりよくする。
 (6) 自分の特徴を知って，悪い所を改めよい所を積極的に伸ばす。
2．主として他の人とのかかわりに関すること。
 (1) 時と場をわきまえて，礼儀正しく真心をもって接する。
 (2) だれに対しても思いやりの心をもち，相手の立場に立って親切にする。

⑶　互いに信頼し，学び合って友情を深め，男女仲よく協力し助け合う。
　⑷　謙虚な心をもち，広い心で自分と異なる意見や立場を大切にする。
　⑸　日々の生活が人々の支え合いや助け合いで成り立っていることに感謝し，それにこたえる。
３．主として自然や崇高なものとのかかわりに関すること。
　⑴　生命がかけがえのないものであることを知り，自他の生命を尊重する。
　⑵　自然の偉大さを知り，自然環境を大切にする。
　⑶　美しいものに感動する心や人間の力を超えたものに対する畏敬の念をもつ。
４．主として集団や社会とのかかわりに関すること。
　⑴　公徳心をもって法やきまりを守り，自他の権利を大切にし進んで義務を果たす。
　⑵　だれに対しても差別をすることや偏見をもつことなく公正，公平にし，正義の実現に努める。
　⑶　身近な集団に進んで参加し，自分の役割を自覚し，協力して主体的に責任を果たす。
　⑷　働くことの意義を理解し，社会に奉仕する喜びを知って公共のために役に立つことをする。
　⑸　父母，祖父母を敬愛し，家族の幸せを求めて，進んで役に立つことをする。
　⑹　先生や学校の人々への敬愛を深め，みんなで協力し合いよりよい校風をつくる。
　⑺　郷土や我が国の伝統と文化を大切にし，先人の努力を知り，郷土や国を愛する心をもつ。
　⑻　外国の人々や文化を大切にする心をもち，日本人としての自覚をもって世界の人々と親善に努める。
第３　指導計画の作成と内容の取扱い
１．各学校においては，校長の方針の下に，道徳教育の推進を主に担当する教師（以下「道徳教育推進教師」という。）を中心に，全教師が協力して道徳教育を展開するため，次に示すところにより，道徳教育の全体計画と道徳の時間の年間指導計画を作成するものとする。
　⑴　道徳教育の全体計画の作成に当たっては，学校における全教育活動との

関連の下に，児童，学校及び地域の実態を考慮して，学校の道徳教育の重点目標を設定するとともに，第2に示す道徳の内容との関連を踏まえた各教科，外国語活動，総合的な学習の時間及び特別活動における指導の内容及び時期並びに家庭や地域社会との連携の方法を示す必要があること。
 (2) 道徳の時間の年間指導計画の作成に当たっては，道徳教育の全体計画に基づき，各教科，外国語活動，総合的な学習の時間及び特別活動との関連を考慮しながら，計画的，発展的に授業がなされるよう工夫すること。その際，第2に示す各学年段階ごとの内容項目について，児童や学校の実態に応じ，2学年間を見通した重点的な指導や内容項目間の関連を密にした指導を行うよう工夫すること。ただし，第2に示す各学年段階ごとの内容項目は相当する各学年においてすべて取り上げること。なお，特に必要な場合には，他の学年段階の内容項目を加えることができること。
 (3) 各学校においては，各学年を通じて自立心や自律性，自他の生命を尊重する心を育てることに配慮するとともに，児童の発達の段階や特性等を踏まえ，指導内容の重点化を図ること。特に低学年ではあいさつなどの基本的な生活習慣，社会生活上のきまりを身に付け，善悪を判断し，人間としてしてはならないことをしないこと，中学年では集団や社会のきまりを守り，身近な人々と協力し助け合う態度を身に付けること，高学年では法やきまりの意義を理解すること，相手の立場を理解し，支え合う態度を身に付けること，集団における役割と責任を果たすこと，国家・社会の一員としての自覚をもつことなどに配慮し，児童や学校の実態に応じた指導を行うよう工夫すること。また，高学年においては，悩みや葛藤（かっとう）等の心の揺れ，人間関係の理解等の課題を積極的に取り上げ，自己の生き方についての考えを一層深められるよう指導を工夫すること。
2．第2に示す道徳の内容は，児童が自ら道徳性をはぐくむためのものであり，道徳の時間はもとより，各教科，外国語活動，総合的な学習の時間及び特別活動においてもそれぞれの特質に応じた適切な指導を行うものとする。その際，児童自らが成長を実感でき，これからの課題や目標が見付けられるよう工夫する必要がある。
3．道徳の時間における指導に当たっては，次の事項に配慮するものとする。
 (1) 校長や教頭などの参加，他の教師との協力的な指導などについて工夫し，道徳教育推進教師を中心とした指導体制を充実すること。

(2) 集団宿泊活動やボランティア活動，自然体験活動などの体験活動を生かすなど，児童の発達の段階や特性等を考慮した創意工夫ある指導を行うこと。

(3) 先人の伝記，自然，伝統と文化，スポーツなどを題材とし，児童が感動を覚えるような魅力的な教材の開発や活用を通して，児童の発達の段階や特性等を考慮した創意工夫ある指導を行うこと。

(4) 自分の考えを基に，書いたり話し合ったりするなどの表現する機会を充実し，自分とは異なる考えに接する中で，自分の考えを深め，自らの成長を実感できるよう工夫すること。

(5) 児童の発達の段階や特性等を考慮し，第2に示す道徳の内容との関連を踏まえ，情報モラルに関する指導に留意すること。

4．道徳教育を進めるに当たっては，学校や学級内の人間関係や環境を整えるとともに，学校の道徳教育の指導内容が児童の日常生活に生かされるようにする必要がある。また，道徳の時間の授業を公開したり，授業の実施や地域教材の開発や活用などに，保護者や地域の人々の積極的な参加や協力を得たりするなど，家庭や地域社会との共通理解を深め，相互の連携を図るよう配慮する必要がある。

5．児童の道徳性については，常にその実態を把握して指導に生かすよう努める必要がある。ただし，道徳の時間に関して数値などによる評価は行わないものとする。

巻末資料(11)　中学校学習指導要領（平成20年3月告示）抜粋

第1章 総　　則
　第1　教育課程編成の一般方針
　　2．学校における道徳教育は，道徳の時間を要として学校の教育活動全体を通じて行うものであり，道徳の時間はもとより，各教科，総合的な学習の時間及び特別活動のそれぞれの特質に応じて，生徒の発達の段階を考慮して，適切な指導を行わなければならない。
　　　道徳教育は，教育基本法及び学校教育法に定められた教育の根本精神に基づき，人間尊重の精神と生命に対する畏敬の念を家庭，学校，その他社会における具体的な生活の中に生かし，豊かな心をもち，伝統と文化を尊重し，それらをはぐくんできた我が国と郷土を愛し，個性豊かな文化の創造を図るとともに，公共の精神を尊び，民主的な社会及び国家の発展に努め，他国を尊重し，国際社会の平和と発展や環境の保全に貢献し未来を拓く主体性のある日本人を育成するため，その基盤としての道徳性を養うことを目標とする。
　　　道徳教育を進めるに当たっては，教師と生徒及び生徒相互の人間関係を深めるとともに，生徒が道徳的価値に基づいた人間としての生き方についての自覚を深め，家庭や地域社会との連携を図りながら，職場体験活動やボランティア活動，自然体験活動などの豊かな体験を通して生徒の内面に根ざした道徳性の育成が図られるよう配慮しなければならない。その際，特に生徒が自他の生命を尊重し，規律ある生活ができ，自分の将来を考え，法やきまりの意義の理解を深め，主体的に社会の形成に参画し，国際社会に生きる日本人としての自覚を身に付けるようにすることなどに配慮しなければならない。
第3章 道　　徳
　第1　目　標
　　　道徳教育の目標は，第1章総則の第1の2に示すところにより，学校の教育活動全体を通じて，道徳的な心情，判断力，実践意欲と態度などの道徳性を養うこととする。
　　　道徳の時間においては，以上の道徳教育の目標に基づき，各教科，総合的な学習の時間及び特別活動における道徳教育と密接な関連を図りながら，計画的，発展的な指導によってこれを補充，深化，統合し，道徳的価値及びそれに基づいた人間としての生き方についての自覚を深め，道徳的実践力を育成するもの

とする。
第2　内　容
　道徳の時間を要として学校の教育活動全体を通じて行う道徳教育の内容は，次のとおりとする。
1　主として自分自身に関すること。
　(1)　望ましい生活習慣を身に付け，心身の健康の増進を図り，節度を守り節制に心掛け調和のある生活をする。
　(2)　より高い目標を目指し，希望と勇気をもって着実にやり抜く強い意志をもつ。
　(3)　自律の精神を重んじ，自主的に考え，誠実に実行してその結果に責任をもつ。
　(4)　真理を愛し，真実を求め，理想の実現を目指して自己の人生を切り拓いていく。
　(5)　自己を見つめ，自己の向上を図るとともに，個性を伸ばして充実した生き方を追求する。
2　主として他の人とのかかわりに関すること。
　(1)　礼儀の意義を理解し，時と場に応じた適切な言動をとる。
　(2)　温かい人間愛の精神を深め，他の人々に対し思いやりの心をもつ。
　(3)　友情の尊さを理解して心から信頼できる友達をもち，互いに励まし合い，高め合う。
　(4)　男女は，互いに異性についての正しい理解を深め，相手の人格を尊重する。
　(5)　それぞれの個性や立場を尊重し，いろいろなものの見方や考え方があることを理解して，寛容の心をもち謙虚に他に学ぶ。
　(6)　多くの人々の善意や支えにより，日々の生活や現在の自分があることに感謝し，それにこたえる。
3　主として自然や崇高なものとのかかわりに関すること。
　(1)　生命の尊さを理解し，かけがえのない自他の生命を尊重する。
　(2)　自然を愛護し，美しいものに感動する豊かな心をもち，人間の力を超えたものに対する畏敬の念を深める。
　(3)　人間には弱さや醜さを克服する強さや気高さがあることを信じて，人間として生きることに喜びを見いだすように努める。

4 主として集団や社会とのかかわりに関すること。
(1) 法やきまりの意義を理解し，遵(じゅん)守するとともに，自他の権利を重んじ義務を確実に果たして，社会の秩序と規律を高めるように努める。
(2) 公徳心及び社会連帯の自覚を高め，よりよい社会の実現に努める。
(3) 正義を重んじ，だれに対しても公正，公平にし，差別や偏見のない社会の実現に努める。
(4) 自己が属する様々な集団の意義についての理解を深め，役割と責任を自覚し集団生活の向上に努める。
(5) 勤労の尊さや意義を理解し，奉仕の精神をもって，公共の福祉と社会の発展に努める。
(6) 父母，祖父母に敬愛の念を深め，家族の一員としての自覚をもって充実した家庭生活を築く。
(7) 学級や学校の一員としての自覚をもち，教師や学校の人々に敬愛の念を深め，協力してよりよい校風を樹立する。
(8) 地域社会の一員としての自覚をもって郷土を愛し，社会に尽くした先人や高齢者に尊敬と感謝の念を深め，郷土の発展に努める。
(9) 日本人としての自覚をもって国を愛し，国家の発展に努めるとともに，優れた伝統の継承と新しい文化の創造に貢献する。
(10) 世界の中の日本人としての自覚をもち，国際的視野に立って，世界の平和と人類の幸福に貢献する。

第3 指導計画の作成と内容の取扱い
1 各学校においては，校長の方針の下に，道徳教育の推進を主に担当する教師（以下「道徳教育推進教師」という。）を中心に，全教師が協力して道徳教育を展開するため，次に示すところにより，道徳教育の全体計画と道徳の時間の年間指導計画を作成するものとする。
(1) 道徳教育の全体計画の作成に当たっては，学校における全教育活動との関連の下に，生徒，学校及び地域の実態を考慮して，学校の道徳教育の重点目標を設定するとともに，第2に示す道徳の内容との関連を踏まえた各教科，総合的な学習の時間及び特別活動における指導の内容及び時期並びに家庭や地域社会との連携の方法を示す必要があること。
(2) 道徳の時間の年間指導計画の作成に当たっては，道徳教育の全体計画に基づき，各教科，総合的な学習の時間及び特別活動との関連を考慮しなが

ら，計画的，発展的に授業がなされるよう工夫すること。その際，第2に示す各内容項目の指導の充実を図る中で，生徒や学校の実態に応じ，3学年間を見通した重点的な指導や内容項目間の関連を密にした指導を行うよう工夫すること。ただし，第2に示す内容項目はいずれの学年においてもすべて取り上げること。
　(3)　各学校においては，生徒の発達の段階や特性等を踏まえ，指導内容の重点化を図ること。特に，自他の生命を尊重し，規律ある生活ができ，自分の将来を考え，法やきまりの意義の理解を深め，主体的に社会の形成に参画し，国際社会に生きる日本人としての自覚を身に付けるようにすることなどに配慮し，生徒や学校の実態に応じた指導を行うよう工夫すること。また，悩みや葛藤等の思春期の心の揺れ，人間関係の理解等の課題を積極的に取り上げ，道徳的価値に基づいた人間としての生き方について考えを深められるよう配慮すること。
2　第2に示す道徳の内容は，生徒が自ら道徳性をはぐくむためのものであり，道徳の時間はもとより，各教科，総合的な学習の時間及び特別活動においてもそれぞれの特質に応じた適切な指導を行うものとする。その際，生徒自らが成長を実感でき，これからの課題や目標が見付けられるよう工夫する必要がある。
3　道徳の時間における指導に当たっては，次の事項に配慮するものとする。
　(1)　学級担任の教師が行うことを原則とするが，校長や教頭などの参加，他の教師との協力的な指導などについて工夫し，道徳教育推進教師を中心とした指導体制を充実すること。
　(2)　職場体験活動やボランティア活動，自然体験活動などの体験活動を生かすなど，生徒の発達の段階や特性等を考慮した創意工夫ある指導を行うこと。
　(3)　先人の伝記，自然，伝統と文化，スポーツなどを題材とし，生徒が感動を覚えるような魅力的な教材の開発や活用を通して，生徒の発達の段階や特性等を考慮した創意工夫ある指導を行うこと。
　(4)　自分の考えを基に，書いたり討論したりするなどの表現する機会を充実し，自分とは異なる考えに接する中で，自分の考えを深め，自らの成長を実感できるよう工夫すること。
　(5)　生徒の発達の段階や特性等を考慮し，第2に示す道徳の内容との関連を

踏まえて，情報モラルに関する指導に留意すること。
4　道徳教育を進めるに当たっては，学校や学級内の人間関係や環境を整えるとともに，学校の道徳教育の指導内容が生徒の日常生活に生かされるようにする必要がある。また，道徳の時間の授業を公開したり，授業の実施や地域教材の開発や活用などに，保護者や地域の人々の積極的な参加や協力を得たりするなど，家庭や地域社会との共通理解を深め，相互の連携を図るよう配慮する必要がある。
5　生徒の道徳性については，常にその実態を把握して指導に生かすよう努める必要がある。ただし，道徳の時間に関して数値などによる評価は行わないものとする。

巻末資料(12)　高等学校学習指導要領（平成21年3月告示）抜粋

第1章　総　　則
　第1款　教育課程編成の一般方針
　　2　学校における道徳教育は，生徒が自己探求と自己実現に努め国家・社会の一員としての自覚に基づき行為しうる発達の段階にあることを考慮し人間としての在り方生き方に関する教育を学校の教育活動全体を通じて行うことにより，その充実を図るものとし，各教科に属する科目，総合的な学習の時間及び特別活動のそれぞれの特質に応じて，適切な指導を行わなければならない。

　　　道徳教育は，教育基本法及び学校教育法に定められた教育の根本精神に基づき，人間尊重の精神と生命に対する畏敬の念を家庭，学校，その他社会における具体的な生活の中に生かし，豊かな心をもち，伝統と文化を尊重し，それらをはぐくんできた我が国と郷土を愛し，個性豊かな文化の創造を図るとともに，公共の精神を尊び，民主的な社会及び国家の発展に努め，他国を尊重し，国際社会の平和と発展や環境の保全に貢献し未来を拓く主体性のある日本人を育成するため，その基盤としての道徳性を養うことを目標とする。

　　　道徳教育を進めるに当たっては，特に，道徳的実践力を高めるとともに，自他の生命を尊重する精神，自律の精神及び社会連帯の精神並びに義務を果たし責任を重んずる態度及び人権を尊重し差別のないよりよい社会を実現しようとする態度を養うための指導が適切に行われるよう配慮しなければならない。

索　引

あ行

赤い鳥　23
芦田恵之助　22
天野貞祐　32
生きる力　45
意志の自律性　70
伊藤博文　8
稲毛詛風　17
植木枝盛　6
NIE　118
及川平治　17
小原国芳　17
オープン・エンド　95

か行

改正教育基本法　40
改正教育令　9
カウンセリング　96
学事奨励に関する被抑出書　1
学制　1
学制序文　1
隠れたカリキュラム　116
片上伸　17
価値のシート　93
価値の明確化　64
川井清一郎　25
河野清丸　17
カント，I.　132
木下竹次　17
キャラクター・エデュケーション　64
キャリア教育　104
教育基本法　27
教育勅語　11
教育勅語等の失効確認に関する決議　28
教育勅語等排除に関する決議　28
教育令　8
教学聖旨　7
教科書疑獄事件　14

規律の精神　68
グループエンカウンター活用論　91
ケイ，E.　16
孔子　8
構造化方式理論　91
公民教師用書　28
国際化・情報化など変化への対応　38
国民皆学　8
心の教育　38
心のノート　44
個性重視　38
コールバーグ，L.　64

さ行

サイモン，S. B.　81
サービス・ラーニング　64
沢柳政太郎　17
参加体験型学習　122
三水準六段階　84
ジレンマ・ディスカッション　94
下中弥三郎　17
社会科　28
社会科解体論　33
社会集団への愛着　69
ジャスト・コミュニティ・アプローチ　84
宗教教育　53
宗教教授　56
修身科　9
修身口授　4
自由教育令　9
シュタイナー，R.　16
シュタイナー学校　113
生涯学習体系への移行　38
小学校教員心得　10
小学校令　24
情報モラル　132
白樺派　21

人格教育　64
新教育指針　26
人権感覚　120
人権教育のための国連10年　120
人権教育のための世界計画　120
心情主義　91
心理主義　49
スクールソーシャルワーク　127
鈴木三重吉　23
生活綴方　22
生活綴方運動　23
世界人権宣言　65
全国共通カリキュラム　55
全面主義的道徳教育　33
総合単元的な道徳教育理論　91
た行
大正新教育運動　17
太政官布告　1
千葉命吉　17
地理科　26
手塚岸衛　17
デューイ，J.　16,76
デュルケム，É.　67
統合的プログラム　91
道徳教育推進教師　43
道徳教育の全体計画　105
道徳性　13
道徳的価値　111
道徳的実践　133
道徳的実践力　36
道徳の時間　35
道徳の時間の年間指導計画　105
童蒙教草　4
同和教育　126
徳目　132
閉じた道徳　133
な行
なかま　126
成田忠久　24
日本国憲法　27

日本歴史科　26
にんげん　126
野口授太郎　17
は行
はいまわる経験主義　32
八大教育主張講演会　17
羽仁もと子　17
ハーミン，M.　81
ピアジェ，J.　72
PSE　55
PSHE　56
樋口長市　17
評価　108
開いた道徳　133
福澤諭吉　4
福田弘　91
副読本活用主義　91
ヘーゲル，G. W. F.　133
ベルクソン，H. L.　133
北方教育　24
北方教育運動　23
ま行
明確化の応答　93
モラル　131
モラルジレンマ授業　91
モラルスキルトレーニング　91
モラル・ディスカッション　84
モンテッソーリ，M.　16
や行
横山大観　47
読み物資料　37
ヨーロッパ評議会　65
ら行
ライシテ　59
ライフライン計画　54
ラス，L. E.　81
リコーナ，T.　64
臨時教育審議会　38
連合国軍総司令部　26

[著者紹介]

吉田　武男（よしだ　たけお）
1954年奈良県生まれ。筑波大学大学院博士課程単位取得退学。現在，筑波大学大学院人間総合科学研究科教授。博士（教育学）。
[著書]『シュタイナーの人間形成論──道徳教育の転換を求めて──』（学文社，2008年）
[共著]『スピリチュアリティ教育のすすめ──「生きる意味」を問い「つながり感」を構築する本質的教育とは──』（PHP研究所，2009年）。

田中マリア（たなか　まりあ）
1975年山梨県生まれ。筑波大学大学院博士課程修了。現在，筑波大学大学院人間総合科学研究科助教。博士（教育学）。
[著書]『道徳教育の研究』（角川学芸出版，2008年）
[論文]「ルソーの宗教教育論に関する一考察──その指導法に焦点をあてて──」（『教育哲学研究』第90号，2004年）。

細戸　一佳（ほそど　かずよし）
1970年広島県生まれ。筑波大学大学院博士課程単位取得退学。現在，聖徳大学准教授（筑波大学非常勤講師）。
[共著]『現代学校教育論』（日本文化科学社，2009年）
　　　『改訂　教職入門──未来の教師に向けて』（萌文書林，2009年）。

道徳教育の変成と課題──「心」から「つながり」へ

2010年4月10日　第一版第一刷発行
2011年9月10日　第一版第三刷発行

著　者　吉田武男　他
発行者　田中千津子

発行所　株式会社　学文社

© 2010 Yoshida Takeo, Tanaka Maria and Hosodo Kazuyoshi
Printed in Japan

東京都目黒区下目黒3-6-1
電話（3715）1501代・振替00130-9-98842

（落丁・乱丁の場合は本社でお取替します）
（定価はカバー，売上カードに表示してあります）

・検印省略
印刷／東光整版印刷株式会社
ISBN978-4-7620-2085-8